煎茶から抹茶まで。和モダンで
提案するテーブルコーディネート

お茶と和菓子のテーブル12カ月

浜 裕子 著

Table Coordinate

はじめに

お・も・て・な・し　という言葉もすっかり定着してきました。
人をもてなすとは、素敵なテーブルコーディネートに、
おいしいお料理にお酒、知的な会話などを通し、
招く側も招かれる側も楽しい時間・空気感を共有する。
これが私の考えるおもてなしであり、今の活動の原点です。
大きなパーティーもあれば、家族や、
友人数人という小規模のものも。
どんな規模でもゲストの笑顔を見たくて、
その時間の幸せを請け負う気持ちや想いは変わりません。
〝お茶でもいかが？〟
それがおもてなしの主舞台の最初のステップ。
本書のテーマは、「お茶と和菓子のテーブルコーディネート」。
四季おりおりの日本茶のある
コーディネートの参考になりますよう、
12ヵ月にまとめました。
日本茶は、「日常茶飯時」という言葉もありますように、
あまりに身近すぎて、
特に意識されていない方も多いのではないかと思います。
私も今までお招きいただいたなかで、

素敵な紅茶や中国茶のおもてなしはあっても、
記憶に残る日本茶でのおもてなしはありませんでした。
そこで、一杯の日本茶から
おいしいと笑顔がこぼれる至福の時間、
日本人の美意識や感性に響く、日本茶のある
四季おりおりのコーディネートをお届けいたします。
本書のスタイルは、茶道でもなく、
煎茶道でもありません。
現代の私たちのライフスタイルに合わせ、
気軽に堅苦しくなく、
お茶や和菓子をもっと楽しめたら……
そんな想いが本書を生み出しました。
茶道翡翠流の鈴木翠鏡先生をはじめ、
裏千家準教授小澤宗真さんほか、
今回もたくさんの方々のお力添えをいただきながら
美しい一冊ができました。
本書を手にとってくださったみなさまのおもてなしの
お役に立てば幸いです。

２０１９年3月吉日　浜　裕子

お茶と和菓子のテーブル12ヵ月

茶
Table setting

目次

日本茶のテーブルコーディネートの基本

お茶と和菓子のテーブルコーディネート12ヵ月

一月

新年を祝う

二月

春を待ちわびて……

三月

雛祭りを祝う

四月 桜を愛でる

五月 夏も近づく八十八夜

六月 紫陽花に恋する

七月 七夕に願いを込めて

八月 涼を呼び込む

＊本書のテーブルコーディネートで使用した食器や小物類は、144ページの協力店以外のものはすべて浜裕子の私物です。
＊お茶とお菓子は、明記している以外のものでも季節限定で販売しているものが多いです。特に上生菓子は販売期間が限られています。販売取り扱い期間は各店に直接お問い合わせください。
＊和菓子は生ものです。掲載の写真と形状・大きさ・色合いなどが異なる場合があります。あらかじめご了承ください。
＊本書の掲載情報は2019年3月現在のものです。
＊本書は2014年1月に刊行された『お茶と和菓子のテーブルセッティング』を再編集したものです。

日本茶のテーブルコーディネートの基本

日本茶のテーブルコーディネートに必要な考え方、日本茶や茶器などについての基本の知識です。

浜裕子式

お茶のテーブルコーディネート七つのメソッド

ゲストから歓声のあがるテーブル、記憶に残るテーブルコーディネート、
おもてなし上手といわれるために知っておきたい、七つのメソッドをご紹介します。

一

テーマ・コンセプトに基づきストーリーはわかりやすく、シンプルに

歳時記をテーマにするなら、行事に関連する色や食べ物を取り入れてみたり、わかりやすい季節のアイテムを入れてみましょう。

ストーリーは、できるだけシンプルに単純にわかりやすく。アイテムはあれもこれも盛り込まないのが、浜裕子式。

和のテーブルは、すっきり見せるのもポイントのひとつ。余白の美しさや余韻を残します。

二 パーソナルスペースに折敷（おしき）を活用

人が快適に食事をできるスペースの横幅は、
人の肩幅45㎝に、奥行はディナー皿とグラスを置いて
無理なく手に取れる範囲の35㎝くらいを目安にしましょう。
では、お茶の場合は？　横幅は、食事のスペースと同じくらい。
奥行は、ディナー皿のような大皿を置くことはないため、30㎝ほどで大丈夫。
パーソナルスペース（お茶を飲むのに必要なひとり分のスペース）をつくるには
ティーマットや折敷がおすすめです。
折敷の上にひとり分をセットすることで、パーソナルスペースが明確になります。

三 パブリックスペースに急須や花など共有のものを置く

共用のものは、パブリックスペース（共有スペース）に配置。
パーソナルスペースとパブリックスペースを
使い分けることでメリハリ感が出ます。
テーブルランナーなどを使って、色を効果的に使うのもひとつの方法です。

四 ビジュアルアクセントは高さと色でつくる

元来、和のテーブルコーディネートは、
背の高いグラスや、花器を使わないので、
平面的になりやすい傾向があります。
しかし、まず、目に飛び込むビジュアルアクセントをつくることは、
印象深いコーディネートには必須です。
花を高くアレンジしたり、重要な要素を一段高くするなど、
高さでビジュアルアクセントをつくること。
色の効果を用い、アクセントカラーを使うこと。
この二点が重要です。

五 直線構成でメリハリのあるコーディネートにする

和の演出は、直線構成が基本。
折り目正しくテーブルクロスを整え、
折敷などもきっちりと直線をいかしてセッティングします。

六 テーブルの上はアシンメトリーに

洋のテーブルの基本は、左右対称（シンメトリー）です。
さまざまなものが偶数で構成されています。
和のテーブルは、左右非対称（アシンメトリー）です。
陽数（縁起のいい数）の奇数が好まれます。

七 テーブルクロスやナプキン、ランナーなどリネン類を上手に活用する

色面積を一番多く占めるテーブルクロスで、おおよそのイメージがわかります。
どんなイメージのテーブルにしたいかで、色や彩度、柄、質感を考えていきます。
シックな雰囲気にしたいなら、
トーンをおさえた濁色のテーブルクロスを選びます。
モダンな印象にしたいなら、使う食器と同系のものでなく、
色のメリハリが出るようなコントラストを効かせたクロスを選びます。
ナプキンは、同色・同素材にするか、
あえて遊んで、違う色や柄のものにします。
テーブルコーディネート上級者には、後者がおすすめです。

日本茶の種類

日本茶にはさまざまな種類がありますが、もとは同じお茶の葉。
製造方法などの違いから異なる種類になります。
その種類と特徴を解説します。

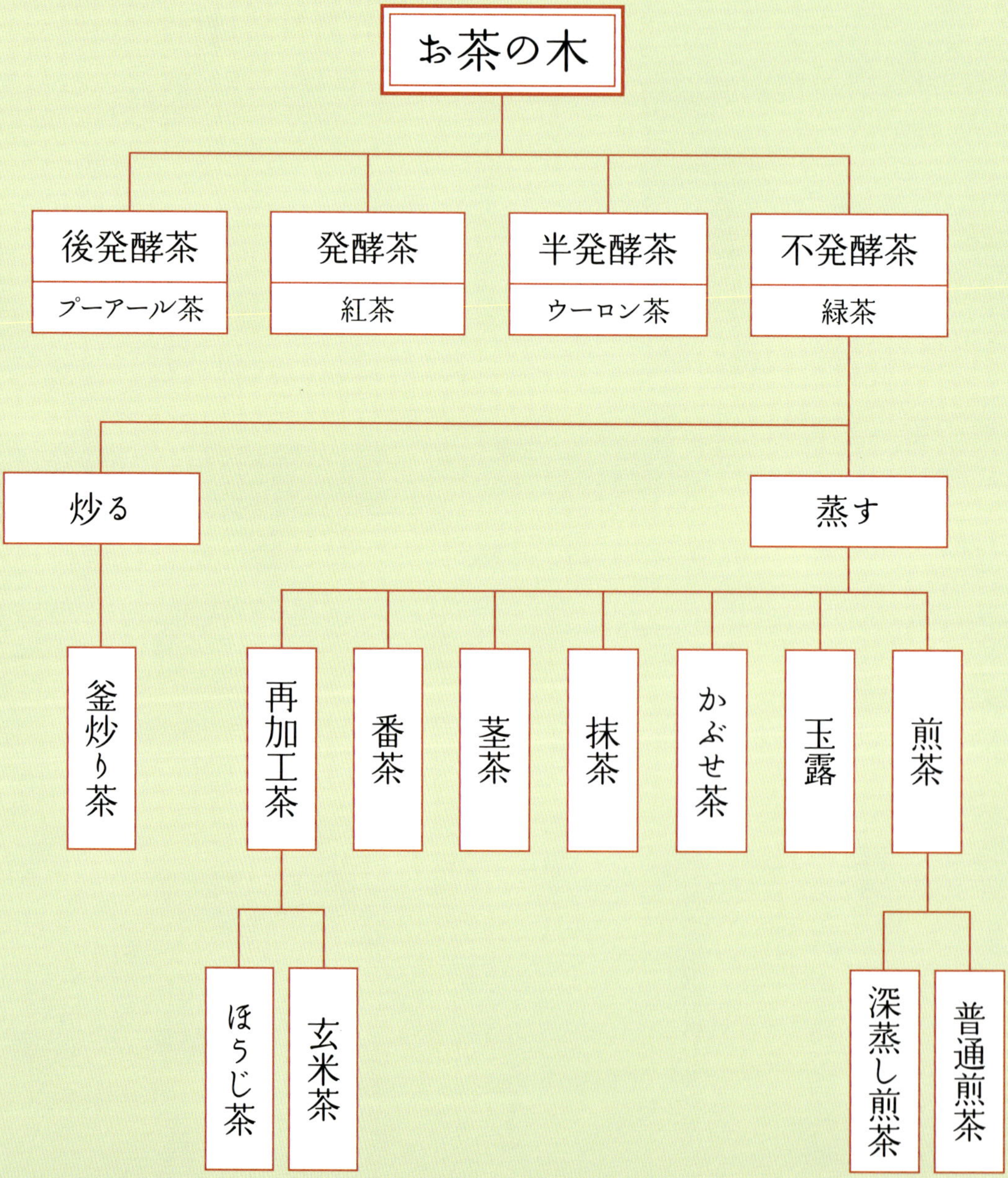

おもな茶葉の特徴

茎茶
(くきちゃ)

茶葉の茎の部分だけを集めたお茶。「棒茶」とも呼ばれる。渋みや苦みが少なく、清涼感のある味わい。通常の茶葉は低価格だが、玉露の茎茶は「かりがね茶」と呼ばれ高級品で、ぬるめのお湯でいれるのがおすすめ。

抹茶
(まっちゃ)

茶畑に覆いを被せて直射日光を遮ってつくられたてん茶を、石臼で挽いて粉末状に仕上げたもの。強い苦みのなかに、ふくよかな甘みが感じられる。茶の湯の席では濃茶と薄茶があり、薄茶のほうが気軽に点てられる。

玉露
(ぎょくろ)

煎茶と違い、直射日光を遮って栽培された茶葉からつくられる。そのため、うまみのもととなるアミノ酸の含有率が高く、舌に余韻が残るまろやかな味わいになる。「覆い香(おおいか)」といわれる海苔に似た香りも特徴的。

煎茶
(せんちゃ)

甘みと渋みのバランスがとれた、さわやかな味わいで、日本でいちばん親しまれている。「普通煎茶」は、蒸した後に揉みながら乾燥させて仕上げるが、「深蒸し煎茶」は、普通煎茶よりも2〜3時間長く蒸すことに時間をかけている。

ほうじ茶

煎茶や茎茶、番茶などを高温で炒ったもの。高温で炒るとカフェインやタンニンが飛ばされるため、苦みと渋みが減り、さっぱりとした味わいのからだにやさしいお茶になる。胃にもやさしいので、たくさん飲める。

番茶
(ばんちゃ)

一般的には、一番茶や二番茶を摘み取った後の葉や茎でつくられるお茶のこと。ただ、地域によって異なり、「煎茶をつくる過程で取り除かれた下級煎茶」と位置づけしているところも。味は煎茶よりさっぱりしているがやや渋みがある。

釜炒り茶
(かまいりちゃ)

茶葉を蒸さずに鉄釜で炒ってつくったお茶。「釜香(かまか)」という独特の香ばしさがあり、さわやかな味わい。いれたお茶の色は黄みがかっている。宮崎や佐賀など、おもに九州地方で栽培されている。

かぶせ茶

玉露や抹茶と同じように、茶畑に覆いを被せて直射日光を遮ってつくられた茶葉。ただ、覆いを被せておく期間が玉露より1週間ほど短いため、玉露のようなまろやかさと、煎茶のようなさわやかさをあわせ持った味わい。

日本茶のおいしいいれ方

お茶をいれるのは日常茶飯時なこと。いつもの一杯をよりおいしい一杯にするため、浜裕子流の簡単で気軽にいれられるコツをご紹介します。

基本のいれ方

煎茶2人分、2煎目までおいしくいれられる分量です。

急須に沸騰したてのお湯を注ぐ。この作業でお湯の温度を冷まし、急須をあたためることができる（1回移すごとに10℃くらい下がる）。

急須のお湯をそれぞれの湯飲みに注ぐ。急須に残ったお湯は、建水（けんすい）などに捨てる。

茶葉を茶さじ1杯（約5g）計量する。この量で2煎目まで充分おいしくいただける。

湯飲みに注いだお湯をそれぞれ急須に戻す。この時点で、お湯の温度は、75〜80℃くらいになる。

急須に蓋をして、1分くらいおく（私は急須を振らない主義。振ると雑味が出てしまうため）。1分後、味が均一になるよう、一度茶海（ちゃかい）に入れてから注ぐか、湯飲みをまわし注ぎする。

急須の注ぎ口を真下に向け、最後の1滴まで注ぎ切る。しっかり注ぎ切らないと2煎目に渋みや苦みが残るため。

おもな茶葉別のいれ方

玉露

小ぶりなお茶碗と湯ざましを用意し、お湯の温度を40℃くらいに冷ましてから急須に注ぐ。2分ほど蒸らしてからお茶碗にまわし注ぐ。

煎茶

普通、煎茶と深蒸し煎茶のいれ方は同じ（14ページ参照）。蒸す時間は、煎茶が1分くらいに対して、深蒸し茶は30秒くらいを目安に。

番茶

大ぶりな急須を用意し、高温のお湯を入れ、1分ほど蒸らしてから湯飲みに注ぐ。

ほうじ茶

大ぶり急須を用意し、高温のお湯を急須に入れ、30秒ほど蒸らしてから湯飲みに注ぐ。

急速冷茶のいれ方

冷茶には、水出しと氷出しがありますが、どちらも時間をかけて抽出するもの。
ここでは、急速で本格的冷茶を味わえる方法をご紹介します。

1

急須に茶葉を茶さじ1杯（約5g）入れる。

2

少量のお湯を注ぎ、茶葉を開かせる。

3

蓋が閉まるくらいの氷を急須に入れる。

4

水を足して蓋を閉める。注ぎ口と穴をふさぎ、急須を強めに振る。

5

急須が冷たくなって外に水滴がついてきたら、おいしい本格冷茶のできあがり。

※お茶の色などをわかりやすくするため、ここではあえて白い宝瓶（ほうびん）を使用しました。本来、宝瓶は玉露など低温でいれるお茶に向いています。高温のお湯を使うときは、持つときにやけどをしないよう、気をつけましょう。

抹茶の点（た）て方

茶せんは必ず必要ですが、ほかの道具は家にあるものを使うので大丈夫。かしこまらずに気軽に点ててみましょう。

1

抹茶を茶漉しでふるう。ふるうことで、なめらかでクリーミーな仕上がりになる。かたまりがあれば茶杓（ない場合はスプーン）でつぶす。

2

お茶碗と茶せんをあたためるためにお湯を注ぐ。茶せんの穂先をお湯にくぐらせることで、やわらかくなって折れにくくなる。

3

お茶碗を両手で持ってお湯をまわし、全体をあたためる。

4

お湯を建水（ない場合はボウルなど）に捨てる。

5

茶碗の中をふきんで水分を拭き取る。水が残っていると、抹茶がダマになりやすいのでしっかり拭くこと。

6

1で漉した抹茶を茶杓で山盛り2杯入れる。茶杓がない場合はティースプーンで山盛り1杯（約1.5g）。

7

80℃くらいのお湯を80ccほど注ぎ入れる。

8

左手でお茶碗を支え、茶せんで手早く混ぜ合わせる。茶せんはまわさずに上下に動かす。きめ細かい泡が立ったら、茶せんをまわすように持ち上げる。

日本茶とお菓子のおいしい組み合わせ

それぞれのお茶のうまみ・甘み・苦み・渋みの強弱や特徴と相性のいいお菓子の組み合わせ例をご紹介します。

抹茶×練り切り

練り切りで口の中が甘くなったときにいただく、苦み・渋み・うまみが凝縮された抹茶は格別。抹茶やかぶせ茶など力強いお茶は、お菓子も比較的濃い味のものや甘みが強いものが合います。

抹茶×抹茶のゼリー

抹茶どうしの組み合わせですから、合わないわけがありません。ゼリーはさっぱりとしているため、薄茶がおすすめです。

抹茶×黄身しぐれ

黄身餡と上新粉などを混ぜて蒸し上げた黄身しぐれ。黄身餡の淡い味わいを抹茶の苦みが包み混んで調和します。

煎茶×ぼた餅・おせんべい

あんこには、お茶本来の渋み・苦みもあるしっかりとした味の煎茶が合います。おせんべいでアクセントを。

煎茶×どら焼き

日常的に飲まれることが多い煎茶と、手に入れやすいどら焼きのオーソドックスな組みわせは相性抜群。

釜炒り茶×羊羹

蒸さずに釜で炒ったのが釜炒り茶。さっぱりとした味わいが魅力です。ねっとりとした甘みの強い羊羹をさわやかに。

煎茶×柏餅

柏の葉っぱにくるまれた柏餅は、深い緑の香りがして清涼感にあふれています。煎茶と合わせると、キリリとした心持ちに。

番茶×お饅頭

苦みが少なくさっぱりした番茶。お菓子も練り切りやおやぎほど甘くなく、パクパク食べられるお饅頭といい相性です。

ほうじ茶×水無月

水無月や水羊羹などの涼やかな和菓子は、どの冷茶とも相性は抜群。特にほうじ茶は、夏の和菓子が合います。

かぶせ茶×柿衣

甘みとうまみが強いコクのあるかぶせ茶には、お菓子も個性的なものが合います。干し柿の熟成された甘さと好相性。

茎茶×炙り餅

お菓子のなかでも軽い炙り餅には、さっぱりとたくさんいただけるくせのない茎茶が合います。

基本アイテムの選び方・使い方

フラワー&食空間コーディネーター目線で選んだ、実用性+デザイン性が高かったり、かわいかったり、テーマ性が表現できる、お茶関連グッズです。

急須

さまざまな形がありますが、選ぶポイントは①デザインが気に入っていること②持ちやすいこと③出詰まりしにくいこと④茶がらが捨てやすいこと、の4点です。

常滑焼の平型急須

輝之窯の磯部輝之さん作。薄くて軽く、胴と蓋がぴったり合った精度の高い急須。

万古焼の横手型急須

横手型は、最も普及している伝統的な急須。柄の使い勝手がよい。

宝瓶

玉露や高級煎茶に向いているが、スタイリッシュで使いやすいため、本書でも度々登場。

鉄瓶

ここ数年パリでも人気を集めているカラーの南部鉄の急須。さびやすいので手入れはしっかりと。

あると便利

焙煎用焙炉（ほうろく）

直火にかけられ、茶葉を炒る器。これで自家製ほうじ茶がつくれる。

大型急須

ベトナムで見つけてデザインが気に入り購入したもの。茶葉をティーバッグに入れて使っても。

茶碗・湯飲み・カップ＆ソーサー

いれたお茶の水の色がきれいに見える内側の白いタイプがおすすめですが、
コーディネートに合わせて、時には色ものをもってきてもよいでしょう。

モダンな茶碗

外側がシルバーで、内側は白。小ぶりで繊細なので、玉露や高級煎茶に向いている。

白磁の茶碗

白のお茶碗は、お茶の水の色がきれいに見えるため、ひとつは持っておきたいもの。

薄緑色の茶碗

ほのかな緑の色が涼感を呼ぶ茶碗。夏期に愛用している。

九谷焼の茶碗

金彩が華やかな九谷焼。梅が描かれているので、1～2月の季節限定で使用している。

土ものの茶碗

手に持ったときにぬくもりを感じる茶碗。オーソドックスなタイプなので、どんなお茶にも合う。

カップ＆ソーサー

取っ手のないタイプは万能。ソーサーの代わりに茶托を用いれば、和風に。

カップ＆ソーサー

エスプレッソ用として購入したが、コーディネートのテーマによっては、日本茶を入れても違和感がない。

湯飲み（筒湯飲み）

筒型の日常使いの湯飲み。番茶やほうじ茶など、たっぷりの量のお茶向き。

菓子器

漆、白磁、土もの、木製、ガラスなどさまざまな素材がある菓子器。
季節や格に合った素材を選びましょう。

三島の小皿

菓子器のほか、取り皿としても使える。モダンにもクラシックにも。

白磁の青海波の小皿

菓子器のほか、取り皿としても使える。文様が見えるように盛り付けるのがコツ。

銀地の青海波の小皿

縁起のよい青海波の文様。越前塗の銀地でモダンな印象に。

焼き締めの器

コーディネートしだいで素朴にもスタイリッシュにも見えて使い勝手がいい。

土ものの盛り皿

京都の作家もの。上生菓子などの盛り皿として。

朱塗の菓子器

朱塗の菓子器は万能。お菓子がおいしく見える。

木製のお重

木の質感をいかした素朴な味わいのお重なので、カジュアルなシーンで重宝する。

紀州塗の長角プレート

長角はスタイリッシュな演出に役立つ。

白磁の長角プレート

菓子皿としたり、お茶受けにしたりと、汎用度が高い。

シルバーの漆塗の高台

コーディネートで高さを出したいときに使用。目を引くアイテムなので、テーブルにひとつ置くだけで、全体がモダンな印象になる。

茶托・ソーサー

お茶碗を引き立てる名脇役。茶托に限らず、
コースターと合わせても新しい感覚でお茶を楽しめます。

木製の茶托

土もののぬくもりあるお茶碗などにマッチする。

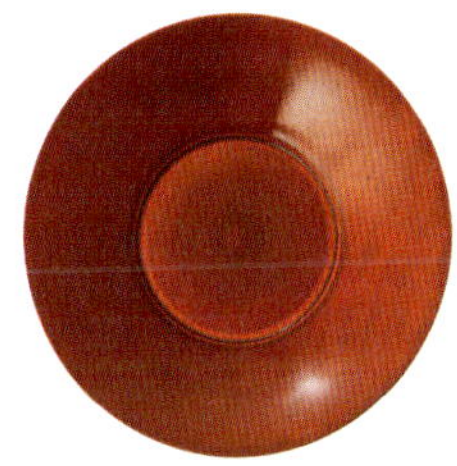

春慶塗の茶托

春慶塗の特徴である赤っぽい溜色の茶托。カジュアルにも使える。

黒の漆の茶托

黒の漆の茶托は、足元が引き締まり、きりりとした印象で格高に見える。

レザー製のコースター

スタイリシュでモダンなイメージのテーブルの演出に。

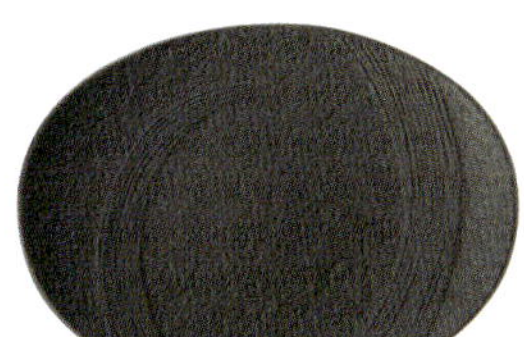

南部鉄の茶托

ハードな素材だが、形がオーバルなのでカジュアルで楽しい演出にも。

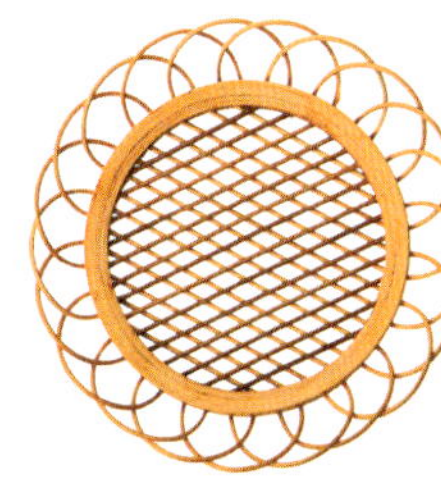

竹で編んだ茶托

ガラスのコップを置いてもさまになる、夏向きの茶托。

布もの

テーブルの上で大きな割合を占めるため、トータルバランスを左右する重要なアイテム。ランナーやナプキン、ティーマットなどは色を豊富にそろえておくと、何かもの足りないと感じたときに、アクセントとして使えます。

お茶のテーブルに映える花の飾り方

和のお茶のテーブルには、原則的にはお花はなくてもいいのですが、一輪あるだけで空気が和み、素敵な空間になります。少ない花材で効果的に魅せる例を紹介します。

凛とした美しさを漂わせて

紀州塗の一輪挿しに、初春を告げる花、水仙を一輪。花器は、中にグラスチューブがはめ込まれています。

形違いのガラスの一輪挿しでかわいらしく

カジュアルなテーブルでは花器も遊んでみましょう。パリで見つけた形違いの花器に、デルフィニウム、ケイトウ、センニチコウ、ハゴロモジャスミンをたおやかに。

小さな花器だけど存在感あり

浅草橋の和食器屋さんで見つけた小さな花器。口がふたつあるので、花材を2種（黒米、ヒペリカム）で組み合わせてみました。

オブジェを花器として少ない花材で大胆にアレンジ

形状がおもしろい作家もののオブジェを花器に。小さなガラス皿を置き、フローラルフォームをセットして、アンスリウム、ゲーラックス、ニューサイランのみでアレンジ。

秋風に揺れるようにたおやかに

黒い陶器の一輪挿しに、コスモスとホトトギスの同色系の花材を、やさしく秋風に揺れるように。

ガラスの水盤に涼やかにアレンジ

ガラスの水盤に水をはり、クレマチスをからめるようにしてリース状にアレンジ。蔓性の花材をいかし、ナチュラルな雰囲気に仕上げます。

日本茶コラム

簡単でおいしい日本茶カクテル

おうちで簡単につくれる日本茶カクテルのレシピです。
どれもさっぱりとして飲みやすい、大人テイストに仕上げました。

ジンと日本酒でつくる
香り豊かな和風マティーニ

煎茶サケティーニ

材料（1杯分）

深蒸し煎茶 …… 30cc
日本酒 …… 15cc
ジン …… 15cc
グリーンリキュール …… 数滴
マスカット …… 1粒
レモンのピール（飾り用）…… 少々

つくり方

1 氷出し深蒸し煎茶を濃いめにつくる。
2 日本酒とジンを加え、混ぜる。
3 マスカットを1粒入れる。
4 グリーンリキュールを数滴たらす。
5 レモンのピールを飾る。

柚子酒と深蒸し煎茶で
ほんのり甘いお酒

煎茶柚子酒

材料（1杯分）

深蒸し煎茶……20cc
柚子酒……40cc
レモンスライス……1枚
氷 …… 適量

つくり方

1 グラスに氷を入れる。
2 氷出し深蒸し煎茶をいれる。
3 柚子酒を加える。
4 グラスの縁にレモンスライスをかける。

夏におすすめ！
見た目同様に味も涼やか

抹茶モヒート

材料（1杯分）

抹茶（砂糖入り）…… 50cc
ラム（ホワイト）…… 20cc
ソーダ …… 適量
ミント …… 適量
ライムのピール …… 適量
氷 …… 適量

つくり方

1 抹茶をつくってグラスに注ぐ。
2 氷を入れ、ラムを静かに注ぐ。
3 ミントを入れる。
4 ソーダを入れてグラスをいっぱいにする。
5 ライムのピールをグラスに飾る。

お茶と和菓子のテーブルコーディネート12カ月

四季おりおりの行事に合わせてしつらえた、
お茶とお菓子でもてなす36タイプのテーブルをご覧ください。

一月 新年を祝う

睦月 ❖ むつき

新しい年のはじまりで気分も清々しく お茶会で新年をお祝いしましょう

「明けましておめでとうございます」。新しい年のはじまりに、年神（としがみ）様をおうちでお迎えし、無事に新年を迎えられたことを感謝します。

また、この一年も無病息災で過ごせますようにと、祈りと願いが込められたお正月は、私たちにとって格別なハレの日です。

元旦にいただくおめでたいはじまりのお茶「大福茶」、一年の最初のお茶会「初釜」など、行事に応じていただくお茶もありますが、一月はお年始のごあいさつなどで、お茶をお出ししたり、供されたりする機会も増すことと思います。

佳き日には、とっておきのお茶と季節を感じる和菓子で、おもてなしをしたいものです。

おいしいお茶のいれ方や茶葉の選び方についてよく聞かれますが、その場にふさわしいお茶や、相手が好きなお茶、お好みのいれ方で、心を込めていれることも、おいしさに比例するのではないかと思います。

「おいしい」と感じるものも人それぞれ。じっくりと甘みが出るようにお茶をいれるときもあれば、ちょっと睡眠不足でお疲れ気味というときは、熱いお湯で渋みを引き出したお茶をいれることも、おもてなしのひとつ。

至福の一杯となるようなお茶の時間がつくれたら嬉しいものですね。

大福茶で晴れやかに元旦を迎える

初春の寿ぎと一年の無病息災の願いを大福茶に託して、晴れやかに清々しく祝いましょう。お茶と和菓子は、お正月にちなんだ縁起物で、福を重ねます。神聖な色の白のテーブルクロスに、メリハリのあるコーディネートで、折り目正しく。

テーブルコーディネートのポイント

特別なハレの日は アイテムを上質なものでそろえる

おめでたい元旦のお茶は「大福茶」。テーブルには、ハレの日にふさわしい漆のアイテムを使います。普段は重ねて使うことのない折敷ですが、赤と黒でサイズの異なるものをあえて重ね、デザインとしての楽しさを表現。センターに置いた花器と、干菓子を入れた小皿をのせたトレーも黒の漆に。練り切りをのせた菓子器は越前塗です。格別なハレの日は、アイテムの格をそろえて非日常的な空間をつくります。

日本のおめでたい色、紅白と漆黒でメリハリのあるコーディネート。

お茶

一年の邪気を払い 新年を祝うための「大福茶」

大福茶はお正月の縁起物。その昔、京の都に悪疫が流行したとき、ある僧侶がお茶を病者に施して治り、その徳にあやかるよう、時の天皇が元旦にお茶を服するようになったことがはじまりといわれています。ここでは、香りの香ばしい玄米茶をセレクトしました。

上等な番茶に炒った玄米を混ぜた「大福茶」／一保堂茶舗

茶器

白の繊細な茶器で気持ちも引き締める

大福茶に入っている結び昆布と梅干しがきれいに見えるよう、白の繊細な磁器のお茶碗をセレクト。お茶碗が陽の光をあびてキラキラと煌めく結晶釉で、至福の一服となるでしょう。

キラキラと花が開いたような結晶釉の器。

お菓子・器

お正月にふさわしい おめでたい形のお菓子と器

越前塗の青海波の菓子器には、お正月の依代（よりしろ）でもある松をかたどった上生菓子を盛り付けました。

新年を寿ぐ上生菓子と器。

お稽古はじめのお茶会で新年のごあいさつ

なにかとお正月関連の行事に追われた日々も、女正月（一月十五日）頃には、やっと落ち着きます。そろそろお稽古はじめをしましょうか。まずは、お茶を点てて新年の顔合わせのごあいさつ。今年もよろしくお願いいたします。

テーブルコーディネートのポイント

アイキャッチのある コーディネートでインパクトを

女性同士の集まりなら、華やかな雰囲気で、初春のお茶をいただきたいもの。白のテーブルクロスに赤の漆塗りの菓子皿、和菓子も紅白のきんとんでコーディネート。お花は、サイドに置くなら多少大きなアレンジでも邪魔にはなりません。色の効果や、お花のビジュアルアクセントなど、アイキャッチのあるコーディネートは印象に残ります。

抹茶を点てる茶道具は、お盆にのせて盆略点前。

お茶

テーブルなのであくまでも略式に 薄茶を手軽に点てて楽しむ

抹茶は茶道のイメージがあるため、作法がわからないからと敬遠されがちですが、薄茶なら点て方も難しくなく、手軽に楽しめます。茶せんで手早く混ぜ、きめ細かい泡が立ったら、茶せんをまわすように持ち上げます。

「青山の白」／一保堂茶舗

茶器

金彩などを施して 華やかな雰囲気の抹茶茶碗

新年の顔合わせのあいさつのお茶会にふわしく、華やかでおめでたい模様の薄茶用のお茶碗を用意。写真左のお茶碗は、金彩で竹をあしらった押小路焼。

抹茶茶碗の裏側には、窯元か作者名が記されている。

お菓子・器

福を招く初夢の干菓子で 幸多き一年を願う

テーブルのセンターに置いたのは、きめ細やかな和三盆で作った「初夢」。食べきれない場合は、懐紙ごとお持ち帰りしてもらいましょう。

「初夢」／総本家駿河屋

黒豆茶でほっこりするお茶のひととき

大寒の候は、寒さもピーク。からだがあたたまる慈味茶の黒豆茶で、ほっこりしませんか？ なんだか、この空間だけ"春が近くまできている"といった感じです。ひょうたん型の器に、洋菓子のようにも見える和のスイーツを置くなど、遊び心を意識したテーブルに仕上げました。

テーブルコーディネートのポイント

ぬくもりのある素材感で統一して やさしい印象に

カジュアルなお茶のセッティングは、器も遊び心満載でいいかと思います。ユニークな形の器や、土ものの器、木目をいかしたお重、変わり根来塗など、一見バラバラのように見えるテーブルまわりのアイテムですが、ぬくもりのある素材感で統一しているので、まとまりのあるやさしい印象になります。テーブルのセンターに置いた重箱の隣には水仙を一本飾り、春の訪れを演出。

お菓子を複数お出しするときは、小さな重箱があると、中座せずにサーブできる。

お茶

香ばしく、健康と美容にもいい イソフラボンを含む黒豆茶

黒豆茶は、疲れたからだを癒してくれるといわれている滋味茶。やかんで煮出してもいいですし、急須に大さじ2杯ぐらいの豆を入れて熱湯を注ぎ、3～4分蒸らしてもできます。

「黒豆茶」／寛永堂

茶器

手に持ったとき、ほっとするような 土ものの湯飲み

わりと厚手の土ものの湯飲みと木製の茶托。熱湯でつくる黒豆茶のほか、番茶、ほうじ茶、玄米茶などのお茶の器としても適しています。

急須とセットになった土もののお茶碗。

お菓子・器

ユニークな形の器に 和風テイストのクッキー

愛嬌のあるひょうたん型の器に、和三盆の色合いがきれいなクッキー三種と、梅をかたどった最中を。かしこまった感じがしなくて、ほっと心が和むお茶のテーブルを演出します。

「香ほろん」／WA・BI・SA

吉祥の和菓子

新しい年のはじまり。
新年を祝うのにふさわしい、
縁起のいい和菓子です。

菱はなびら

「花びら餅」ともいわれ、お正月の和菓子の代表格。宮中の正月行事「歯固め」に出された、菱餅やごぼうを薄い餅で包んだ「菱はなびら」(別称包み雑煮)が由来。羽二重餅で押鮎に見立てたごぼうと味噌餡を包んでいる。／たねや

紫の寿

「壽」(ことぶき)の文字を押した練り切り。きれいな紫色で、テーブルが華やかになる。／梅園

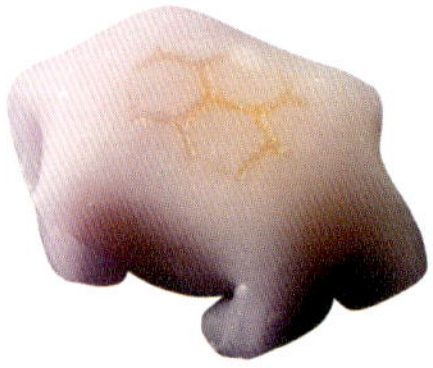

亀甲寿(きっこうじゅ)

味噌餡を外郎で包み、幸運を運ぶ亀に仕上げた。／たねや

門(かど)の春

独楽をかたどった桃山に、栗とこし餡を包んだ。／たねや

福寿草

元日草(がんじつそう)の名もある、福寿草を模した練り切り。／森八

お干菓子迎春

口どけがほろりとやさしい干菓子。福を招く初夢、一富士、二鷹、三茄子を表現。／たねや

有平糖

有平糖(あるへいとう)はポルトガル伝来の飴菓子。縁起ものをモチーフに。／鶴屋八幡

めでたい和 つるとかめ

新年にふさわしい、かわいらしいつるとかめを描いたおめでたいえびせんべい。／桂新堂

二月

如月 ❖ きさらぎ

春を待ちわびて……

暦の上では春のはじまり
お茶とお菓子で、春を待つ時間を楽しみます

二月は旧暦で「如月」。
寒さがまだ厳しく、衣を幾重にも重ねて「衣更着（きさらぎ）」するため。
陽気が発達しだして、草木が芽吹く頃を意味する「気更来（きさらぎ）」からなど、如月の語源には諸説あります。
二十四節気のひとつ立春は、二月四日頃。まだ寒さのピークですが、
暦の上では、この立春から春がはじまります。
旧暦では、節分の翌日の立春から新しい一年がはじまるとされ、
八十八夜や二百十日などの雑節は、立春から数えられています。
節分や立春、そしてバレンタインデーなど、行事がたくさんある二月。
椿や梅など早春を代表するお花をかたどった和菓子が登場しはじめ、
加えて、バレンタイン用のチョコレート菓子もたくさん。
それらの甘くてかわいらしいものを見れば、自然と気分も盛り上がってきます。
外気はまだ冷たいですが、おいしいお茶や美しいお菓子をお気に入りの器でいただきながら、
すぐ近くまできている春を待つ……。そんなお茶の時間も楽しいものです。

鬼は外、福は内
節分の
モダン茶会

立春の前日の節分は、季節の分かれ目をさす言葉。かつては、立夏、立秋、立冬の前日も節分がありましたが、室町時代から春の節分だけが行事として残ったといわれています。一年の邪気を取り払い、福を招き入れましょう。豆打ちで鬼を追い出した後は、戸を閉めて、モダン茶会はいかがですか？

テーブルコーディネートのポイント

モダンな色使いで大人も楽しめる節分を演出

市松模様の黒のテーブルクロスに、越前塗のシルバーの折敷を合わせ、全体的にモダンな印象に。今年もたくさんの福がくるよう、器やお菓子にもお福さんを取り入れましょう。

ていねいなつくりで、やさしい表情が気に入ったお福さんのお面は、魔除けの柊と合わせて節分を演出します。炒り豆を入れた枡も重要なアイテムです。

お茶

静岡の牧之原台地でつくられた番茶をたっぷりと

家族でいただくお茶は、気軽な番茶で。日本三大銘茶のひとつ・静岡茶は、静岡県の中西部に位置する牧之原台地でそのほとんどがつくられます。これは、その牧之原の番茶です。熱いお湯でさっといれるのがおいしく飲むコツ。炒り豆やかりんとうなどのおともに、たっぷりいただきたいときにおすすめです。

食べきれない福豆は、福茶としていただくことも。お茶に、塩昆布、梅干し、福豆3粒を加えて。

「番茶」／茶都（丸山園）

茶器

磁器の真っ白なお茶碗と宝瓶でスタイリッシュに

お茶の色がいちばん美しく見えるのは、白の茶器だと思っています。とても汎用度が高いため、ひとつは持っていたほうがいいでしょう。上等な煎茶や玉露に適した宝瓶でいれると番茶もぐっと格上げになります。

シンプルだからこそ、どんなシーンにも合うお茶碗と宝瓶。

お菓子・器

長角のプレートで駄菓子をスタイリッシュに

越前塗の長方形の器に、桃山のおたふく、炒り豆、鬼に金棒に見立てたかりんとうをセッティングします。節分のユニークなお菓子たちに、ついつい手がのびてしまいそうです。

遊び心いっぱいのお菓子たち。

春のはじまり 立春を晴れやかに祝う

立春は、祝いの気持ちを込めて格調高いコーディネートで。ハレのお祝いの席には、上等な煎茶と、立春の代表的な花・椿の上生菓子を青海波の吉祥文様の器に盛ります。椿は開花がもう少し先なため、見立ての花で楽しみます。

テーブルコーディネートのポイント

赤と黒でメリハリをつけると古典的な器でモダンな印象に

おめでたいお茶の席は、朱色を積極的に取り入れたいもの。ここでは、大胆にテーブルクロスに朱色を使ってみました。ひとりずつの席には、縁のある黒い漆の折敷を使用。これでコーディネートが一段格高になります。

赤と黒の色合いでメリハリをつけたコーディネートにすると、特徴ある古典的な器を使っていても、今に通じるモダンな印象になります。

鮮やかな五色豆は梅の形のミニ重箱に入れて。

お茶

華やかな香りがふんわりと広がる美人な煎茶

とても美人という意の煎茶「とてしゃん」。甘くきれいな味わいだけでなく、春のはじまりにふさわしい華やかな香りが、ハレの日の席を包んでくれます。お茶の袋の裏面には一筆書ける工夫がしてあり、切手を貼ってお茶のお手紙として送ることができるのも嬉しい。春のおもてなしや贈り物にぴったりです。

ふだんづかいにもおもてなしにも人気の「とてしゃん」。／うおがし銘茶

茶器

上等な煎茶に合わせた九谷焼のお茶碗と漆の茶托

梅の金彩が施された九谷焼。上等な煎茶にぴったりです。この茶器は、私が子どもの頃から、実家で春になると使っていたもの。器から季節を愛でるという、日本らしい風習です。

茶托は、お茶碗が映えるよう、黒い漆のものを使用。

お菓子・器

白磁に銀彩の青海波が描かれた器に上生菓子で上品に

上生菓子は、右上に雲、下には吉祥のひとつである青海波の文様が描かれた白磁の皿に余白をいかして盛り付けます。

上生菓子／梅園

ハッピー・バレンタイン！抹茶エスプレッソで女子茶会

抹茶を使った飲み物は、世界的にも浸透しつつあります。少し洋風にアレンジした抹茶エスプレッソで、バレンタインのお茶を楽しみます。かわいいスイーツがそろうバレンタインの時期は、女子茶会で盛り上がるのもいいですね。

テーブルコーディネートのポイント

バレンタインだから ハート、ハート、ハート！

バレンタインのコーディネートに、ハートのモチーフは欠かせません。ハートの花器には、濃いピンクのバラのアレンジで華やかさを演出。抹茶エスプレッソを入れたカップの縁にかけたハートのシュガーも演出に一役買っています。これは、パリのデパートで見つけた瞬間に一目惚れ。すぐに購入して、大切に持ち帰ったものです。気持ちがふわっと舞い上がって、おしゃべりにも花が咲くお茶の時間になります。

(左)お花はやっぱりラブリーなピンクで。(右)抜群にかわいいハートのシュガーを添えて。

お茶

市販の抹茶ミルクと抹茶を混ぜてつくる抹茶エスプレッソ

抹茶エスプレッソは、市販の抹茶ミルクの粉と、甘さをおさえるために抹茶を五対五の割合でミックスし、熱湯を注ぎ、茶せんで泡立てればできあがり。

お湯の温度が低いとダマになりやすくなるため、必ず熱湯を使用しましょう。お好みでシュガーを加えて。

抹茶ミルク、抹茶。

茶器

抹茶を使った飲み物でも あえてカップ＆ソーサーを使用

シルバーのリムが施されたモダンなカップ＆ソーサーを使用。もちろん、土ものの抹茶茶碗でいただいても味わい深くなりますが、クロスオーバーのコーディネートでは、自由な発想で、洋物のカップを使っても楽しいですね。

白とシルバーでモダンな印象のカップ＆ソーサー。

お菓子・器

和風マカロンで 和と洋のクロスオーバースイーツ

アミューズスタンドには、TORAYA CAFÉの和風マカロンをのせました。マカロン生地に、とらやの餡で仕立てた餡ペーストがはさまれています。これぞ和と洋のクロスオーバースイーツ。

「あんペーストマカロン」／TORAYA CAFÉ

小物使い

見ためもよくて 実用的なガラスドーム付きクーペ

ガラスドーム付きクーペは、お菓子の乾燥防止にもなり、大変重宝するアイテムです。

スイーツシーンには欲しい一品。

早春の花を愛でながらモダンなお茶席をスタイリッシュに

梅、椿、水仙など早春のお花をかたどった上生菓子をプレートスタンドに配し、抹茶とともに楽しんでいただく趣向のモダンお茶席です。あられの鉄瓶と黒の網目文様のお茶碗をセレクトし、スタイリッシュに演出します。

テーブルコーディネートのポイント

高低差をつけてメリハリを出し、黒の多用で重厚感を演出

テーブルのなかでモノに高低差をつけてコーディネートすると、メリハリが出るスタイルになります。お菓子はスタンドに、鉄瓶はアイアンのキャンドルウォーマーにのせて高さを出しました。黒を多用することにより、茶席にモダンでありながら重厚感、そしてお菓子の華やかさを際立てます。

文様がおそろいのように見える抹茶茶碗と鉄瓶。

お茶

甘みと余韻が味わえる濃茶と薄茶の両方に使える抹茶

抹茶は甘みと余韻が味わえて、濃茶と薄茶に使える上等なものをセレクトしました。お湯の量を調節することで、濃さを調節します。

薄茶と濃茶のどちらにも使用できる抹茶。

茶器

鉄瓶とおそろいのように見える黒網文様の抹茶茶碗

季節を問わない、美濃焼の黒網文様の抹茶茶碗を使用。マットな黒はテーブルに重厚感を与えてくれます。リーズナブルなので、数茶碗としてもおもてなしの席で重宝します。

網目が美しい美濃焼の黒網文様の抹茶茶碗。

お菓子・器

プレートスタンドに和菓子のプレゼンテーション

テーブルに高さを出すとインパクトが増し、サプライズとプレゼンテーションは、ぐんと高まります。早春の花の上生菓子を数種類用意すると、目のごちそうと選ぶ楽しみが生まれます。

ガラスのプレートスタンドに、鳥のオブジェでアクセント。

春を告げる和菓子

一年のうちで最も寒い季節。
でも、暦の上では立春を迎えます。
春を感じる和菓子8選。

霜紅梅（しもこうばい）

昔から、人々はほころびはじめた梅の姿を見つけ、近づく春を感じる。春の到来を告げる花として愛されてきた梅の花を、紅色の求肥でかたどった生菓子。表面の白いつぶつぶは新引粉（しんびきこ）。早春の寒い頃に、花にうっすらと降りた霜に見立てている。／とらや

黄水仙

清楚な水仙の花をかたどった焼皮製生菓子。／鶴屋吉信

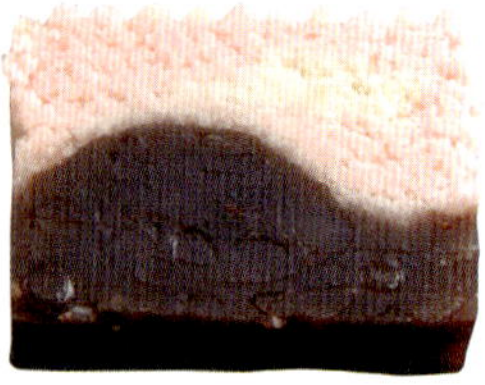

春の山

薄紅色の霞がかった春の山を表現した棹菓子。餡村雨と小豆粒餡を楽しめる。／両口屋是清

早春の日

山々が少しずつ雪を溶かす風情を蓮入り羊羹と練り羊羹で表現。／両口屋是清

お多福

笑う門には福来る。福を呼ぶ縁起物のお福さんを薯蕷饅頭に仕上げた。／鶴屋吉信

和三盆糖製 うぐいす

鶯をかたどった干菓子。口に入れるとほろりと溶ける、やさしい味わい。／塩芳軒

立春大吉

お福さんや梅など、春を告げるものをかたどった干菓子と金平糖のセット。／亀屋良長

一花椿（ひとはなつばき）

椿の花をかたどった羊羹製。清楚で凛とした気高さを漂わせる。白餡入り。／とらや

三月

弥生《やよい》

雛祭りを祝う

うららかな春の陽気のなかで さまざまなスタイルの雛祭りをお茶と一緒に

雛飾りのお内裏様の両脇に立つ、やさしい光を放つ雪洞（ぼんぼり）は、もともとは「せっとう」と読んで、お茶席にお客様がいないときは、炭を長持ちさせるために、炉にかぶせておく覆いのことだったようです。

それがいつしか照明器具として、あかりがほのかにぼんやりと見えることからぼんぼりと呼ばれるようになったとか……。ぼんぼりのように、ぼわんと霞がかかったような春の光。

日に日にあたたかくなる三月の日差しは、春を最も実感できるのかもしれません。

お雛様の代表的な花といえば桃。そのため桃月ともいわれますし、旧暦では桜が咲く頃ですので、桜月ともいわれます。お雛様の道具に描かれている花には、桜の花びらが多いのもうなずけます。

雛祭りも他の節句と同じように、古代中国から伝わったもの。

紙や草で人の形を作って、穢（けが）れを移してから川や海に流す神事に変わっていきます。

平安貴族の雅な年中行事から、江戸時代には、日本各地に伝わり、
今では、女の子の健やかな成長を祝い、願う節句として定着しました。

キッズ向けのお茶会や、しっとりとした大人女子向けのお茶会など、祝い方も自由に楽しめたらと思います。

茶箱で野遊び気分を楽しむ

野点（のだて）に使われる緋毛氈（ひもうせん）に見立て、朱のテーブルクロスを使って晴れやかに演出。茶箱で、現代版お雛様の遊びを楽しみましょう。

テーブルコーディネートのポイント

アイテムは茶箱の格に合わせて重厚な趣にコーディネート

テーブル席でいただく抹茶の提案です。正式な茶会では、みんなで一斉にいただくことはありませんが、家庭でのおもてなしの場合は、煎茶や紅茶を飲むように、抹茶を楽しんでもよいのではないかと考えています。

赤と黒のはっきりとした色のコントラストをつけると、クラシックモダンなイメージに。テーブルコーディネートでは、アイテムの格をそろえることが、極めて大切です。蒔絵が美しい茶箱に格を合わせると、いくら遊びを入れて崩したスタイルであっても、コーディネート全体は、重厚な趣にしたいものです。

お茶

茶葉の味わいがギュッと凝縮された抹茶を薄茶でいただく

鮮やかな緑色でうまみの強い抹茶。抹茶はお湯の温度が高いほど、きめ細かい泡が立ちます。

「青山の白」／一保堂茶舗

茶器

茶箱に入る小ぶりの抹茶茶碗

茶箱に入れるため、普通のものよりも少し小さめの抹茶茶碗。繊細で優美な筆使いを得意とする陶芸家・相模竜泉（さがみりゅうせん）さんの作品です。

艶やかな七宝の文様。

お菓子・器

ガラスの器にきれいな若草色のきんとん

上生菓子は、京都・七條甘春堂のつぶ餡にきんとん仕上げの「菜の花」。菜の花の若草色と黄色が春のうららかな風情を出しています。菓子皿は、ナハトマンのガラスの器。

「菜の花」／七條甘春堂

茶箱とは

抹茶を点てるために必要な茶道具一式を入れて持ち運ぶための箱。おもに野点や旅行のときに使用します。

必要最低限のものがコンパクトに収められる。

抹茶茶碗、茶せん、帛紗（ふくさ）、振り出しなど10アイテムくらいをそろえて。

お雛様を愛でる ガールズ ティーパーティー

お雛様の節句もパーティー風に、洋の要素を入れて演出すれば、子どもたちも大喜び。雛あられや桜餅などは、お雛様に供される伝統的な和菓子ですが、盛り付けをちょっと変えるだけで、斬新でかわいらしい雰囲気になります。

テーブルコーディネートのポイント

桃色と若草色のブライトトーンの折敷を使って、かわいらしい印象に

明るくきれいな色みのブライトトーンの多色使いをポイントにしました。中央には、ミラーの上に、高さの違う漆のシルバーのキャンドルスタンドで高低差をつけ、その上にガラス皿を置き、雛あられを盛ります。そのまわりに、形違いの小さなガラスの一輪ざしを並べ、桃の花、菜の花、リューココリーネなどの小花をセッティング。少ない花材で、かわいらしく効果的にあしらいました。小さな子どもの目線のなかにもお花が入るような工夫です。

仰々しくない可憐な花でさりげなく。

お茶

ノンアルコールのお茶のカクテルでちょっぴり大人気分

主役の子どもたちには、少し大人気分の日本茶ベースノンアルコールカクテルはいかがですか？ 使用したのは、丸みのある形状の茶葉が特徴の玉緑茶（ぐり茶）。茶葉をまっすぐに揉む工程がないため、独特のまろやかな風味のお茶になります。グラスにロックアイスを入れ、その中に急須でいれたお茶を注ぎ、さらにグレナデンシロップを静かにたらします。甘みのある赤のグレナデンシロップは下に沈み、鮮やかなセパレートティーになります。

玉緑茶（ぐり茶）

茶器

カクテルの色がきれいに見えるフォルムが特徴的なグラス

カクテルを入れてもさまになる、形のユニークなグラスです。

たっぷりいただけるタイプのグラス。

お菓子・器

ひとり分用として最適なミニお重にお雛様の定番和菓子を入れて

蓋を開けたときに、ハッとするようなサプライズが楽しめるミニお重を、ひとりずつの菓子器として使用。折敷の上にレースペーパーを敷き、その上に小さなお重を置いて、雛あられと桜餅を入れました。

お雛様の定番お菓子。

小物使い

折形（おりかた）でテーブルを飾るアクセントを

紅縁紙（15㎝角）をうさぎの形に折って、テーブルのアクセントに。折形は金平糖包みです。昔は中身が見えなくても、折形によって、中に何が入っているのかがわかったといいます。日本人の奥ゆかしい教養を感じます。

食べきれなかったお菓子のお持ち帰り用の包みとして使っても。

春分の日は自然を慈しみ先祖を敬う時間に

昼夜の長さがほぼ同じになるのは、春分と秋分の日。太陽は真東に昇り、真西に沈みます。仏教では極楽浄土は西にあると考えられ、太陽が真西に沈む春分と秋分の日は、この世とあの世が最も通じやすい日として、お彼岸に先祖の供養をします。

器と置き方しだいで、ぼた餅とおせんべいがスタイリッシュに見える。

テーブルコーディネートのポイント

アクリルのお重で スタイリッシュなお彼岸テーブル

中央には白い漆の折敷を置き、その上にお彼岸にいただくぼた餅をアクリルのお重に盛り付けました。透明感が増し、よりスタイリッシュな印象。やさしい色のチューリップは、無造作に束ねてポンと置き、自然な雰囲気に。

グレーのテーブルクロスに白の食器、アクリルのお重では、色に締まりがありません。紫のティーマットを1枚ずらしてセッティングし、アクセントカラーにしました。すべて直線構成で、スタイリッシュにお彼岸のお茶を楽しみます。

お茶

あんこ系には しっかりとした味わいのやぶきた

煎茶 やぶきた（深蒸し製法）静岡藪北煎茶は、明治時代に選抜育成された、現在の煎茶を代表する優良品種です。藪北品種のさわやかな香気と豊かな味覚は、多くのお茶通の心を魅了し、広く親しまれています。

「煎茶　やぶきた」／茶都（丸山園）

茶器

アクセントのついた 白磁のエスプレッソカップ

両脇についたプラチナが耳のようでかわいい小ぶりなカップは、エスプレッソカップとして購入したもの。ソーサーや茶托は使わずに、長角の突き出し皿に、お菓子と一緒に並べます。

一見洋風なイメージだが、日本茶を入れてもしっくりとなじむ、万能カップ。

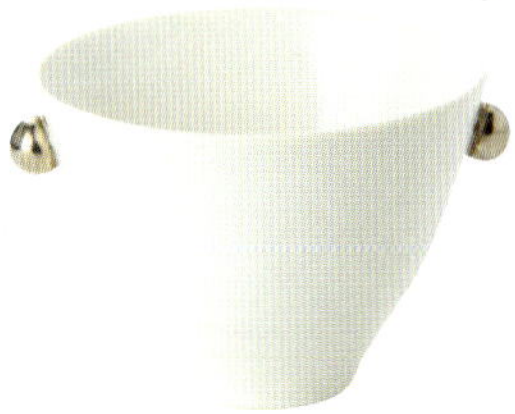

お菓子・器

ぼた餅とおせんべいを 細長いお皿に一列に盛り付ける

長角の突き出し皿には、ぼた餅とおせんべいを。日頃いただくお菓子も、一列に並べると、どことなくスタイリッシュな雰囲気に。

春の彼岸は、牡丹が咲く頃なのでぼた餅といいます。花にならって、おはぎよりひとまわり大きいのが一般的。

黒文字の代わりに、重箱と同じ素材のアクリル製のピックを使用。

小物使い

重箱が花器に変身!? お菓子と一緒にお花を入れて

お重の下の段には、水を入れ、花首だけのラナンキュラスを整然と並べました。お花も食材のように見えてきます。

3段重ねのお重のいちばん下には、お花を入れて。

雛祭りの和菓子

桃、貝、柳、菜の花など
雛祭りにゆかりのあるものを
モチーフにした和菓子を集めました。

草餅

もともと、雛祭りは穢れを払うためにはじまったもの。そのため、3月3日は、厄除けの日でもある。草餅は、草の強い香りが悪いものを除くと考えられていたため、昔から雛菓子として食されてきた。／清月堂本店

花貝あわせ最中

淡く染めた3色の貝の形の最中種に、みずみずしい餡をはさんでいただく、春の手づくり最中。／たねや

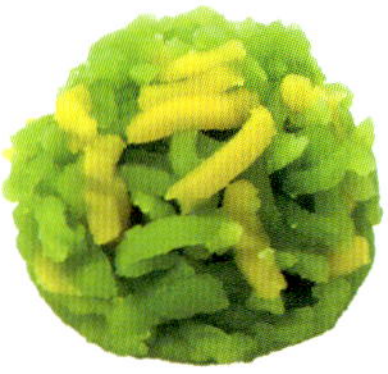

菜種きんとん

春真っ盛りの菜の花畑をイメージしたきんとん。小倉餡入り。／鶴屋吉信

桃柳

ピンクは桃の花、緑は新しい柳をイメージしたきんとん。／鶴屋八幡

桃きらら

ピンクのかわいらしい桃の花がのった、棹状の羊羹。ひと切れずつ切っていただく。／鶴屋吉信

羊羹製 仙寿

女の子の成長を寿ぐ桃の節句にふさわしいかわいらしい意匠。／とらや

京・季のこよみ 貝づくし

さまざまな貝殻をかたどった干菓子。／鶴屋吉信

桃鳳瑞、桃松露、菱ゼリー

生菓子のような形態だが、日持ちのする半生菓子。小さいため「一口もの」ともいわれる。／高野屋貞広

四月

卯月　うづき

桜を愛でる

お酒をお茶に変えて、じっくりと桜を愛でるお花見はいかがですか

四月は、新年度のはじまり。新しい出会いや環境、事のはじまりに夢が膨らみます。

年々桜の開花が早まっているように感じますが、思い出すのは、小学校や中学校の入学式。

期待と不安で胸をいっぱいにしながら、ちょうど満開の桜のトンネルをくぐって、
登校したことが懐かしく思い出されます。

桜前線北上中のニュースがテレビで放映され、固い蕾のときから開花を待ち焦がれ、
蕾がふくらみはじめたら、今か今かと期待し、町がピンク色に染まりはじめるのを待ちます。

見事な満開の桜ももちろん圧巻で素敵ですが、ヒラヒラと花びらが散りゆく姿も愛おしむ。

それも日本人の感性です。まさに季節の移ろいを、最も身近に感じさせてくれる花かもしれません。

そして日本人は、桜が大好き。桜が描かれた器がたくさんありますし、
学校のよくできましたのスタンプは、決まってサクラです(笑)。

お菓子もそう。桜がつく名前や桜の形のお菓子が、三月上旬からたくさん出まわります。

ほんのり上品な桜色も古来から愛されている色です。

日本人のDNAを刺激する桜ですが、花より団子派という方は、カジュアルなお茶を楽しむ会を企画してみてはいかがでしょうか。

桜の木の下
特等席で
春爛満の花見

水筒にお湯を入れて、風呂敷に春のお菓子を詰めたお重を包んだら、外へ飛び出しましょう。満開の桜の下でのピクニックは格別です。桜茶が春の香りを運びます。

簡易なセッティングでも、茶器は紙コップでなく、陶器を使いたい。

テーブルコーディネートのポイント

テーブルにクロスを敷くだけで ちょっとあらたまったセッティングに

春たけなわ。あたたかい日差しとやわらかい風でピクニックを思い立ったら、風呂敷にお重を包み、テーブルクロスと水筒にお湯を入れてお出かけ。むき出しのテーブルより、クロスを一枚かけるだけで、上等な花見のテーブルになります。軽い木製のお重や、ティートレーがあると便利です。

桜の木の下にテーブルを設置して、桜茶を楽しむテーブルコーディネートを。紙コップでは味気ないし、風に飛ばされる危険もあるため、湯飲みは陶器をチョイス。そのほかの道具は、破損しにくいように、木製のものや籠を利用しました。

お茶

塩漬けの桜＋お湯＝桜茶 お茶碗の中できれいに桜が咲く

桜茶は、塩漬けされた桜の花びらにお湯を注ぐだけでできあがり。お湯の中に、花が美しく咲き開くため、結納などのお祝い事にもよく用いられます。ほのかに香る桜の風味が心を癒します。また、桜茶は特有の成分を持ち、二日酔いをやわらげる効果があるともいわれています。

桜茶

茶器

白地にピンクが映えて 香りの立つ、白い煎茶茶碗

桜茶の醍醐味は、お茶碗の中できれいに桜が花開くこと。その桜がしっかりと見えるように、白い無地の煎茶茶碗を選びました。背が低く口が広がっているため、桜の香りも立ちます。

白い無地の煎茶茶碗は、どんなシーンでも合わせやすい万能アイテム。

お菓子・器

木製のトレーに和紙を プラスして格上げ

木製のティートレーに、ピンクの和紙を一枚敷いて、その上に桜色のふくさのお菓子をのせました。桜茶のほのかな塩っ気と、中があんこで外がクレープのような食感のふくさの甘さとがマッチして、おいしくいただけます。

「花くらべ」／菓匠 清閑院

小物使い

桜の塩漬けは珍味入れに おかわりの準備も万全

テーブルの上に置いた蓋付きの小さな器。何が入っているの？と、ゲストも気になったり。ここには、桜茶にする桜の塩漬けを入れています。本来は珍味入れですが、蓋付きなので、乾燥やほこりを避けられます。

蓋を開ければ、桜のいい香りが。

花より団子派の友人と抹茶をもっとカジュアルに

花より団子派の方のために、カジュアルに抹茶を楽しむ提案です。お団子、いちご大福、桜餅、おせんべいなど手軽な和菓子をチョイス。合わせる和菓子しだいで、抹茶が身近に感じられます。カフェオレのような感覚で楽しんでみてください。桜の枝をあしらえば、ちょっとしたお花見気分になりますね。

麻の大胆な柄物のブリッジランナーでカジュアルな雰囲気に。

テーブルコーディネートのポイント

無垢の木の素材をいかして ナチュラルに

最近の食空間におけるトレンドは、木や石などの自然素材をそのままいかしてナチュラルに表現すること。切り株を器にして供するフレンチレストランが多くみられるようになりました。なごみの時間を提供したいときは、木製の器や素朴な陶器などが効果的です。

お茶

高価なものでなくても大丈夫 気軽に楽しむことが大切

手軽に楽しむなら、高価な抹茶でなくてもよく、20g千円くらいの抹茶からスタート。基本的に価格が高いものほど、甘みとうまみが強く、苦渋みが少なく、香りが高く、色みが鮮やかで濃い緑になります。抹茶に限りませんが、お茶は鮮度が命。なるべく早く使い切ります。

薄茶と濃茶のどちらにも使用できる抹茶。

茶器

作家もののボウルを 抹茶茶碗に見立てて

ボウルとしてつくられたもので、高台がありません。何色も絵の具のように色を使った器が斬新で楽しい気分になるので、抹茶茶碗に見立てました。カジュアルに楽しむ場合はルールにとらわれず自由でよいと考えます。

陶芸家・富田啓之作のボウル。

お菓子・器

お菓子も器もカジュアルななかに、ほどよい品格を

長い板の上には有田焼の小皿を並べて桜餅を。大きな切り株のような器には抹茶チョコレートとおせんべいを少しずつ。大きな器でも盛り付けるお菓子はちょこっとにして、カジュアルでも品よく、余白の美も忘れずに。

小皿は柄違いにするとより楽しい雰囲気に。

桜をおともに ちょっと ティーブレイク

♪春がきた〜春がきた〜、山にきた、里にきた〜、テーブルにもきた〜♪

この季節は、桜をかたどったお菓子やアイテムがたくさん出まわります。街もピンク色に染まり、気分も浮き立ちます。そんな春蘭慢のときめく気持ちをテーブルに。

リピートの法則が美しいコーディネート。

テーブルコーディネートのポイント

春の浮き立つ気持ちを穏やかな色で上品に表現

グレイッシュなピンクのストライプのテーブルクロスを選び、色のトーンを穏やかにまとめ、上品にコーディネートしました。リピートの法則を用いると、さらにモダンテイストなテーブルになります。

和のテーブルは、少し物足りないぐらいに引き算をしたほうが、すっきり洗練されます。お菓子の盛り方も余白の美しさを残して。草団子をショットグラスに入れてみるなど、器使いにもひと工夫を凝らしました。

お茶

甘みがあって桜餅の香りがほんのりと香る煎茶

お茶のセレクトは、桜の季節にぴったりの「さくらかほり」という静岡葵区の煎茶。「静7132」が持つ品種特徴である桜餅を思わせる、甘みと香りが楽しめるお茶です。香料や桜葉を混ぜているのではなく、100%茶葉由来の自然の香りです。

「さくらかほり」／
表参道 茶茶の間

茶器

桜の季節には出番が多くなる桜をかたどったカップ

お茶を注ぐとくっきりと桜の形が浮き出る、波佐見焼の器。湯飲み茶碗としてはもちろん、デザートを入れてもさまになり、桜の季節には重宝します。

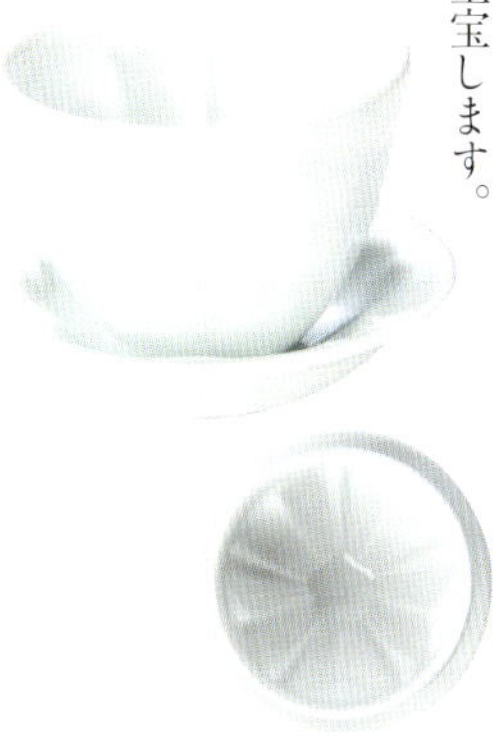

見た目ではわかりにくいが、お茶を入れると桜の形が現れる。

お菓子・器

長角皿に余白をつくって練り切りをひとつだけぽつんと

上生菓子をシルバーの漆の長角皿に盛り付けました。シルバーとピンクの組み合わせがとても上品に見えます。黒文字の代わりに、アクリルのピックを使用しました。

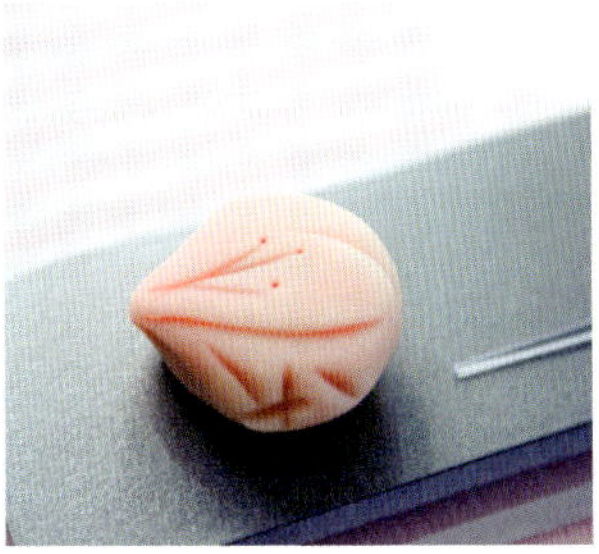

桜をかたどった上生菓子。

小物使い

高さのある器を使って楽しい雰囲気に

和のコーディネートは平面的になりやすいため、少し高さを出せるアイテムがあると楽しいコーディネートになります。桜のラスクをのせたシルバーの漆の台座やお団子を入れたショットグラスは、さまざまな用途に使えるのでおすすめアイテムです。

背の高いアイテムがあると、楽しい雰囲気に。

花祭りを甘茶でお祝いしましょう

四月八日の花祭りは、お釈迦様の誕生日といわれ、「灌仏会（かんぶつえ）」とも呼ばれています。お寺には桜で飾られた花御堂と呼ばれる小さなお堂を建て、そこに誕生仏を安置します。参拝客は、竹の柄杓で甘茶や五種の香水を仏様の頭に注いで祈願します。

テーブルコーディネートのポイント
大ぶりにいけた花のアレンジは壁側に置いて

大きなフラワーアレンジは、テーブルの中央には置かず、壁側に。そうすることで会話の邪魔になりません。アレンジは、桜を伸びやかに入れ、スイートピーはグルーピング、アリウムはあちこちに遊ばせた感じに。シルバーの漆の花器を使って、モダンな印象に仕上げます。

三種の桜にちなんだお菓子は、器で変化をつけます。高低差をつけるのがポイントです。

シルバーから薄紫のグラデーションで上品に。

お茶
花祭りに欠かせない甘みのある甘茶

甘茶とは、ガクアジサイの変種の植物「アマチャ」の葉を乾燥させて煎じた飲み物。お釈迦様に注ぎかける甘茶は、霊水とされました。参拝者は、これを竹筒に入れて持ち帰り、飲んで健康を祈願します。後口は、やはり甘みが残ります。

甘茶

茶器
ソーサーの形が特徴的な中国茶用の茶器

凹んだソーサーの部分にカップがすっぽり入る、中国茶用のちょっと変わったカップ&ソーサー。

東京・合羽橋で見つけた中国茶器。

お菓子・器
ピンクと白のお菓子を黒い器でモダンに

三種類のお菓子は、それぞれ形や高さが異なる器に盛り付けました。器に対してお菓子を少なめにすることで、上品な印象になります。ピンクと白のかわいらしい小ぶりなお菓子が、黒い器によってモダンな感じに。

(左)旬のおとし文「麗(うらら)」／清月堂本店、(右)「四季饅頭」／塩瀬総本家

桜の和菓子

木々の桜はまだ固い蕾でも
和菓子売り場には、ひと足早く桜が咲き乱れます。
桜ゆかりの和菓子あれこれ。

花饅頭

ほんのり甘い生地で黄身餡を包み、塩漬けの桜花を添えて焼き上げたお饅頭。／たねや

羊羹製 手折桜

「春を謳歌するように咲く桜の美しさは、自分だけで賞美するには忍びなく、手で折って持ち帰りたい」という気持ちは、桜を愛してやまない日本人の自然な感情。日本人の桜への想いが込められたお菓子。／とらや

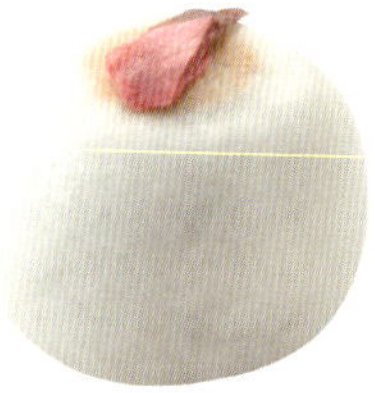

たねや饅頭 さくら

こし餡入りお饅頭をほんのりと焼き上げ、桜花の塩漬けをアクセントに。／たねや

ひなの節 春三色(はるみいろ)

さくら餅、草餅、しぐれのお菓子でやさしい春の色を表わしたお菓子。／たねや

桜さくら

桜の形に焼き上げた愛らしいおかき。風味豊かでさくさくと軽やかな食感。／銀座あけぼの

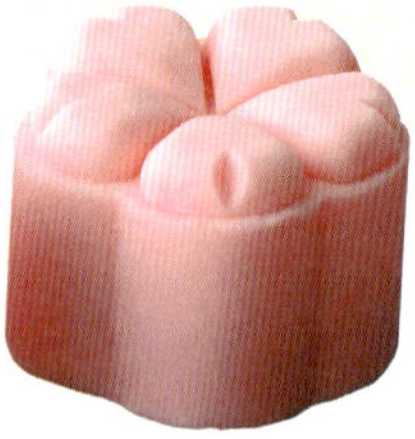

桜花抄

外側はほろほろとした口どけ。中には桜餡と小豆餡が入っている。／菓匠 清閑院

吉野

吉野の桜を模した練り切り。／梅園

五月

皐月 さつき

夏も近づく八十八夜

新茶の季節が到来。好きな茶葉を見つけて丁寧にいれてみましょう

「八十八夜の霜別れ」という言葉があるように、この頃から霜が降りなくなり、日に日に夏めいてきます。ちょうど立夏の頃で、茶摘みや稲の種まきがはじまる頃。お茶好きには嬉しい月、おいしい新茶の季節到来です。

お茶屋さんには新茶入荷ののぼりが立ち、各産地の新茶が店頭に並びます。

新茶も桜前線と同じように、屋久島や種子島あたりから九州、本州へと北上してきます。

新茶独特のフレッシュな若々しい香りも、この時期ならではのお茶の楽しみ方です。

新茶には、テアニンといううまみ成分が多く含まれていて、
脳をリラックスさせたり、集中力をアップさせる効果があるようです。

新茶を購入する際には、ぜひ試飲をして、好きな味、香りに巡り会えるといいですね。

好きな茶葉を見つけたら、せっかくなのでひと手間かけて、
お気に入りの茶器でおいしいお茶を飲みたいものです。

五月は風薫る季節。新緑が最も美しく、さわやかな風が心地よく、
室内でも室外でも過ごしやすい時期です。ぜひテーマを決めて、お茶とともにコーディネートも楽しんでください。

食空間が整うと、お茶もさらにおいしく感じるはずです。

待ちに待った新茶の季節 八十八夜

新茶の季節です。茶づくしの「利き茶会」はいかがですか？　フレッシュな一番茶の香りが緑風を運びます。お茶の緑色をテーマカラーに、お菓子もグリーンにこだわってセレクトしました。

テーブルコーディネートのポイント

お茶が主役のテーブルでは お茶缶も演出アイテムに

茶葉の保存用のアルミのお茶缶をセンターにセッティング。缶を開けたときに、ふわっと香るお茶の香りもおもてなしのひとつと考えます。シンプルなアルミの茶缶には、同じ素材で竹を斜めに切ったような茶さじをセレクト。いただくお茶は茶葉から愛で、茶さじで量って、急須に入れます。同じ茶葉でも、お茶はいれる人によって味も変わります。だからお茶は楽しいのです。

茶葉を出して見せ、目でも楽しんでもらう。

お茶

なによりも鮮度が大事な 野性味のある生茶

水分を多く含んだ生茶です。より野性味のある、さっぱりとした味わいが楽しめます。水分が多いため、長く保存はできません。鮮度がいいうちに飲みたいお茶です。

「屋久島」／茶の葉

茶器

オーソドックスな まっ白な煎茶茶碗

お茶は、味とともに、色、香りも愛でるもの。そのため、白のお茶碗は、茶本来の色がしっかり見えるためおすすめです。

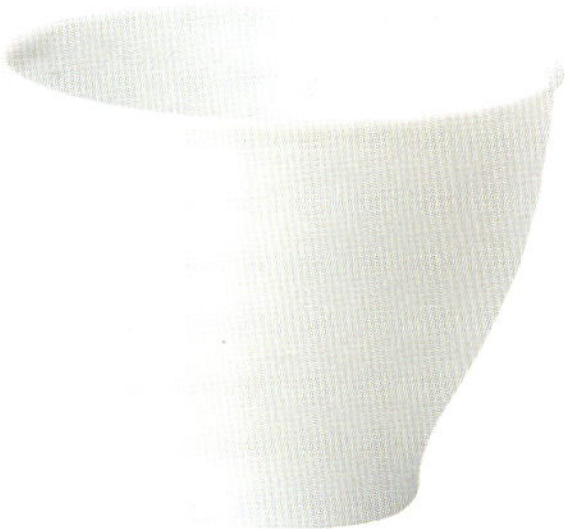

どんなコーディネートにも幅広く使える。

お菓子・器

長方形の角皿に 一口サイズを整列させる

女性は、一口ずついろいろいただきたいものです。さっぱりとした味わいの新茶には、こってりした甘さではなく、さっぱりといただけるお菓子が合います。

(写真右から)「抹茶ぜんざい」／鎌倉五郎本店、「新茶かんてん」／茶の葉、新茶葉入りごはん

緑風を感じる きりりとした 端午の節句を

五節句のひとつ端午の節句は、古来中国から伝わったもの。日本の「さつき忌み」の行事と重なり、もともとは女子の行事でしたが、武家社会となった鎌倉時代以降、男子の健やかな成長を願う節句になりました。緑風が心地いいさわやかな季節。おいしいお茶と端午の節句にちなんだ和菓子でお祝いしましょう。

グリーンを基調にした5月らしいさわやかなコーディネート。

テーブルコーディネートのポイント

単色使いでも濃淡をつけることでテーマカラーを明確に

新緑が美しい緑風が薫る季節。コーディネートもグリーンで統一。単色でも濃淡をつけると単調になりません。角の折敷や入子膳の四角など、直線構成のテーブルコーディネートできりりとした潔い印象になります。

菖蒲の花は、黒の水盤に高く伸びやかに活け、ビジュアルアクセントに。とかく平面になりがちな和のテーブルコーディネートですが、行事を代表するような花材やアイテムに高さを出すと、テーマ性が打ち出しやすくなります。

五月

夏も近づく八十八夜

お茶

すっきりとした後味 二煎目、三煎目もおいしい

やぶきた種の「利休」は、甘さより上品な渋みのあるお茶。お茶をいれると、深蒸し煎茶特有の明るく鮮やかな緑色がお茶碗の中に広がります。すっきりとしたさわやかな後味が印象的で、二煎目、三煎目もおいしくいただけます。

「利休」／土橋園

茶器

淡いグリーンの煎茶碗でさわやかに

ほのかにグリーンがかったお茶碗は、夏向きの煎茶茶碗。折敷のグリーンが濃いため、そこにのせるお茶碗は薄い色にして、黒の茶托でセパレーション効果を。

南部鉄の茶托と合わせて。

お菓子・器

端午の節句の祝い菓子 東は柏餅、西は粽

子孫繁栄の意味合いがあるため、端午の節句に食べられるようになった柏餅。定番の和菓子をアクリルの皿に盛って、現代的にアレンジしました。

「柏餅」／仙太郎

小物使い

オリエンタルな雰囲気のスクエアの茶器

テーブルのサイドに準備した茶器のセットは、ベトナムへ旅行したときに購入したものです。あまりなじみのないスクエアの形に一目惚れしました。黒いトレーは、インドネシアのバリで購入しました。

急須と湯飲みは珍しい四角い形。

夏のはじまりを知らせる立夏には上等なお茶で

窓を全開にして、五月のさわやかな風を肌に感じながら、のんびりとお茶はいかがですか？　玉露の上等なお茶を、宝瓶で味わいながらいただく贅沢な時間。ホワイト&グリーンの配色で、夏の到来を祝いましょう。

(左)梅花ウツギが可憐にすがすがしく。(右)高低差をつけた大胆なアレンジ。

テーブルコーディネートのポイント

テーブルのサイドに季節の花をモダンにアレンジ

白のテーブルクロスに、サイドには青緑のランナーで、すっきりとモダンにまとめました。お花は、オクラレルカと梅花ウツギの二種で、すっきりとメリハリがあるモダンなアレンジに。背の高いアレンジは、サイドにもってくるといいでしょう。中央の水出し冷茶のトレーにあしらったお花も梅花ウツギ。花一枝、そんな心配りがなによりのごちそうです。

お茶

まろやかなうまみが特徴の宇治玉露を使用

宇治茶といえば、味、香り、色ともに優れた玉露が有名。宇治は、玉露の生産は日本一です。今の日本茶文化は、京都から発展したといっても過言ではありません。鎌倉時代、栄西禅師が宋より持ち帰った茶の種から京都で本格的な茶の栽培がはじまったとされ、幕末には、玉露の製法も確立されたそうです。

宇治玉露

茶器

玉露や上等な煎茶に適したモダンなお茶碗

薄手の磁器で、口当たりも上品なお茶碗です。薄手ですので、比較的低温でいれる玉露や上等な煎茶に適しています。

南部鉄の茶托と合わせてシンプル&モダンに。

お菓子・器

角張った器にぽつんとのせて余白をいかす

黒いスクエアのお皿と合わせたのは、東京・赤坂にある宮内庁御用達の塩野の「山杜鵑（やまほととぎす）」。「目には青葉　山ほととぎす　初鰹」の句にあるように、山ほととぎすは初夏・五月の風物詩。和菓子には、美しい季語が盛り込まれているのですね。

(上)「山杜鵑」／塩野
(下)「干菓子」／塩野

小物使い

宝瓶を準備して、マイペースでお茶を楽しんでいただく

上等な玉露や煎茶には、ひとり用の小さな宝瓶がおすすめです。湯飲み茶碗のそばに置いたら、自分のペースで、お茶をじっくりと楽しんでいただけます。

本来宝瓶は、低温でいれる玉露に向いている。

端午の節句と新緑の和菓子

厄除けや縁起物とされる端午の節句の行事菓子と
まばゆい新緑やさわやかな風を
イメージした和菓子を選びました。

柏餅

柏の葉でくるんだ餡入りお餅・柏餅は、端午の節句の定番行事菓子。一般に関東では柏餅、関西では粽が親しまれている。柏の木は新しい芽が出るまで古い葉が落ちないため、子孫繁栄の意味が込められている。／仙太郎

青かえで

渓流の影をうつす、みずみずしい青かえでを表現した、さわやかな夏の羊羹。／鶴屋吉信

求肥製 宇治の里

求肥生地で餡餡を包み、宇治抹茶と徳島産の和三盆糖を合わせてまぶした。／とらや

薯蕷製 菖蒲饅

小判形の薯蕷饅頭に菖蒲の花の焼き印を押し、丁寧に一葉ずつ筆で描きあげた／とらや

新茶の雫

茶畑に見立てた羊羹。静岡産煎茶のさわやかな風味。／とらや

あおば

葉っぱの形をしたおかきに青のりを散らして、より香ばしく。／豆源

京・季のこよみ 鮎の青楓

泳ぐ鮎ときれいな青楓をかたどった干菓子。／鶴屋吉信

菖蒲餅

求肥に細かく刻んだくるみを入れた、ほんのりしょうゆ味。
／宗家 源吉兆庵

六月 紫陽花に恋する

水無月 ❖ みなづき

雨に濡れた紫陽花が七色に輝く頃
そろそろ冷茶に変えてみましょうか

六月の異称・水無月（みなづき）は、旧暦では夏の盛り。

水も枯れ尽きるという意味合いから、また、田に水をひく月のため「水な月」から変化した……など諸説あります。

蒸し暑い日が続くと、風を恋しく待つという意味から「風待月（かぜまちづき）」などという美しい呼び名もあります。

暦の上では、梅雨がはじまります。

「ぱらぱら」「ぽつぽつ」「しとしと」など、雨音の表現が豊かなのは、日本ならではなのだとか。

六月の雨のときにこそ美しく見えるお花があります。その代表格が紫陽花。

路地に咲く雨あがりの紫陽花があまりに美しく、しばらく立ち止まって、見とれてしまうときがあります。

季節に連動した和菓子。この時期にはさまざまな紫陽花の和菓子が売られ、その美しい彩りにワクワクします。

夏越の祓（なごしのはらえ）の頃になると、そろそろ冷茶の出番。汗ばむ陽気に、冷たいお茶のおいしいこと。

その昔、氷は、庶民にはとても手が届くものではありませんでした。

その氷に見立てて誕生したのが、夏越の祓のときにいただく外郎（ういろう）「水無月」。

そんな由来を知っていただくと、当たり前にあることも、
今の時代に生かされていることに感謝の気持ちでいっぱいになります。

池にできた波紋 ぽつりぽつりと 雨音を楽しみながら……

夕方になるとカエルの大合唱がはじまり、ぽつりぽつりと雨音が……。雨に濡れた紫陽花、蓮の葉にたまった雨粒、どれも美しい日本の梅雨の情景です。窓際にセットしたお茶をいただきながら、しばし、外の風景と雨音を静かに楽しむ至福のひととき。梅雨も悪くないなと感じる瞬間です。

テーブルコーディネートのポイント

紫陽花とカエルで梅雨をシックに演出

紫陽花からイメージする紫を基調に、シックなコーディネートに仕上げました。

カエルがのった急須は、バリで見つけたもの。食卓にカエル……、抵抗がある方もいらっしゃるかもしれませんが、欧米ではカエルの柄のクロスやお皿をよく使います。ガラスのお皿に用意したのは「あじさい餅」。お皿の下には、庭で摘んできた紫陽花の葉をあしらいました。

アジアンテイストのトレーは、和のセッティングにも合う。

お茶

お茶の旬、新茶 青々しく若々しい味わいを楽しむ

お茶の新芽には、前年の秋からひと冬越え、春の陽射しを浴びることで蓄えられた成分がたっぷりと含まれています。各産地の新茶を飲み比べてみるのも、この時季ならではのお茶の楽しみ方です。

「新茶」／一保堂茶舗

茶器

カエルの急須とおそろいのお茶碗

カエルの急須とセットで売られていたお茶碗です。甘くて香りのよいお茶をいただくのに適した小さめのサイズ。見る角度によって、微妙に色が違って見えてきれいです。

素朴な風合いの煎茶茶碗。

お菓子・器

テーブルにも紫陽花の花が咲いたように

ガラスの小さな四角い器に、紫陽花の葉を一枚敷き、きれいな薄紫色の求肥で餡を包んで羊羹製のお花をあしらった「あじさい餅」を。このコンビネーションが、まさに梅雨を演出しています。

「あじさい餅」／鶴屋吉信（2019年3月現在販売終了）

夏越の祓の日に「水無月」をいただいて半年分の厄落とし

「夏越の祓」は、一年のちょうど折り返しにあたる六月三十日に、この半年の罪や穢れを払い、残り半年の無病息災を祈願する神事です。この日にいただくのが「水無月」。白の外郎生地に小豆をのせ、三角形に切ったお菓子です。上部にある小豆は、悪魔払いの意味があり、三角の形は暑気を払う氷を表しているといわれています。涼を演出するコーディネートで夏越の祓を。

ランナーのクロスの位置にガラスの水盤を置き、花をアレンジ。

テーブルコーディネートのポイント

紺色のランナーをアクセントに 季節の花で涼やかな涼を演出

白のテーブルクロスに、紺色のランナーがアクセントになったふたり用のテーブルセッティングです。ガラスの水盤には水を入れて、クレマチスをたおやかにアレンジ。「水無月」は氷に見立てた厄除けの願いも込められた銘菓であることから、「氷」と「水」をコーディネートな重要のキーポイントにしています。

お茶

氷入りのグラスに熱々のほうじ茶を一気に注ぐ

グラスに氷を入れて、急須でいれた熱いほうじ茶を一気に注ぎます。これで香ばしい冷ほうじ茶のできあがりです。ほうじ茶は、茶葉（煎茶、番茶、茎茶）を高温で焙じたもの。カフェインが少なく、香ばしい風味が特徴です。

「極上ほうじ茶」／一保堂茶舗

茶器

無駄のないシンプルなフォルムでどんなシーンにもマッチする

もう二十年近く愛用しているグラス。ステムがないため、安定性があって割れにくく、冷茶ばかりでなく、お酒、一口ビール、デザート、そうめんのつゆ入れなど、幅広く使っています。

シンプルなグラスは使い勝手がいい。

お菓子・器

夏越の祓に食べるなじみ深い「水無月」

氷に見立てたことから生まれた銘菓が「水無月」。小豆は邪気を払う厄除けの意味合いもあります。器は涼やかなガラスのお皿。四方がきゅっと反っていて、テーブルにリズムがつきます。

「みなづき」／仙太郎

小物使い

アイスペールは中央に置いて存在感をアピール

夏のコーディネートのため、全体を白やクリアなイメージでコーディネートしています。冷ほうじ茶をつくるための氷ですが、重要なキーワードのため、中央に置いて存在感をアピール。

白磁のティーポットを使って。

紫陽花の和菓子

梅雨のうっとうしさを忘れさせてくれるような
やさしい色合いの紫陽花。
和菓子になってもその色合いは健在です。

紫陽花

ガクが集まって丸い形に見える紫陽花。薄紫や青色の花が一般的だが、「藍色が集まったもの」という意味合いの「あづさい(集真藍)」が名前の由来という説も。とらやの紫陽花はきんとん製。白と紫のそぼろで花にし、透明感のある琥珀糖で、きらきらと光る雫を表した。／とらや

湿粉製棹物 紫陽花

餡をそぼろ状にして小倉羹をはさんで蒸しあげた半生菓子。移りゆく花色の美しさが表現されている。／とらや

あじさい

きれいな紫のそぼろ状の餡で紫陽花を表現した。／塩瀬総本家

紫陽花きんとん

色変わりするため「七変化」ともいわれる紫陽花の花。そんな微妙な色合いを表した。／老松

あづさい

表面はかためだが、口に入れるとしゃりしゃりとして、中からやわらかい寒天が出てくる。／仙太郎

華はな(紫陽花)

紫陽花をかたどった、みずみずしい琥珀とすり琥珀の詰め合わせ。梅酒入り。／亀屋良長

茶室のしつらえ

茶道とは「もてなし」と「しつらえ」の美学。
季節感を大切にしながら、
亭主（主催者）が、
お茶とお菓子で客人をもてなします。
つまり、本書で紹介している自宅での
お茶会と基本の考え方は同じ。
そう思うと、茶道の世界へも
少し気軽に入れませんか？　茶室でのお茶会は、
日常から離れて気持ちがリフレッシュします。
茶道裏千家準教授小澤宗真さんに、
茶室をしつらえていただきました。

【六月】濃茶を楽しむ

【六月】濃茶を楽しむ

1

4

5

3

2

1.天板と地板がともに丸い、2本柱の小さな棚の「丸小卓(まるこじょく)」の上段に、棗(なつめ)を置く。 **2.**籠の花器で涼しげに。 **3.**濃茶をいただく前に出される、生の和菓子・主菓子。箸で、自分の前に用意した懐紙に取っていただく。 **4.**主菓子の後にいただく濃茶。ひとつのお茶碗に客の人数分を点て、主客より順にまわし飲みする。 **5.**ろくろを使わず、手捏ねで成形した楽茶碗(らくちゃわん)。黒い釉薬を使った黒楽(くろらく)は、季節に関係なく一年中使える。

【七月】薄茶をいただく

【七月】薄茶をいただく

1

4

5

1.よしずの風炉先屏風（ふろさきびょうぶ）を立てた夏らしいしつらえ。 2.鶴首の形の花器に凛とした花のあしらい。 3.薄茶のときは、落雁や有平糖、おせんべいなどの干菓子が出される。 4.薄茶は濃茶と異なり、ひとりひとりに点てられる。 5.底が浅く口が広い、夏用の平茶碗。京都・祇園祭りの長刀鉾（なぎなたぼこ）が描かれているため、7月に使いたい器。

3

2

七月 七夕に願いを込めて

文月 ❖ ふみづき

**盛夏、愛逢月に想いと願いを託して……

すーっと汗が引く、極上のお茶の時間をつくりましょう**

七月の行事といえば、七夕。

文月（ふみづき）、七夕月（たなばたづき）、七夜月（ななよづき）、愛逢月（めであいづき）など、どれも七夕にちなんだ七月の異称です。

全国各地で七夕祭りが催されますが、古代中国の織姫、彦星の七夕伝説が奈良時代に伝来し、日本の「棚機津女（たなばたつめ）」の伝説、村の災厄を除くため水辺で神の衣を織り、機屋で神の降臨を待つ祓（はらえ）の儀式が融合されて、七夕になったといわれています。

一般庶民も七夕を祝うようになったのは、五節句が制定された江戸時代から。

星に想いと願いを託し、笹飾りをする……そんな準備の段階からロマンスを感じます。

気候は梅雨があけて夏本番。ほおずき市や朝顔市は夏の風物詩。

風鈴屋さんの出店を見つけることも。高温多湿の日本では、古より風や水で涼を呼びこむ知恵があります。

風鈴のかすかに揺れる風情と音、打ち水、窓辺の簾……。

そんな光景だけでもすっと汗がひき、涼を感じられるから不思議です。コーディネートではガラスの素材を使ったり、水や川を連想させるお菓子やアイテムで、涼しげな演出をしたいものです。日本の夏を楽しみましょう。

五色の短冊に
願いをしたためて

七夕の会がはじまる前の夕刻よりお集まりいただき、氷出し冷茶でおもてなし。ドレスコードは浴衣です。年に一度の逢瀬の切なくもロマンチックな七夕の伝説にあやかって、私たちも歳時記に合わせた夏の風流を楽しみましょう。七夕の会に合わせて、東京では珍しい梶（かじ）の葉をいただきました。

テーブルコーディネートのポイント

乞巧奠（きっこうでん）にまつわるアイテムもテーブルに

七夕はもともとは中国の行事。針仕事の上達を願う「乞巧奠」に由来します。織女星にあやかって、機織りや裁縫が上達するようにとお祈りをする風習が、やがて芸事や書道などの上達も願うようになりました。テーブルにも筆と短冊を配し、七夕を盛り上げます。

ゲストにもそれぞれの願いを書いてもらっても。

お茶

時間をかけてじっくりつくる氷出しした甘みのある冷茶

冷茶をつくるには、水出しと氷出しの二つの方法があります。氷出しの場合、じっくりと長い時間がかかりますが、その分、お茶の甘さがぎゅーっと引き出され、極上のおいしい冷茶になります。まさに、時間がつくるお茶といってもいいでしょう。

「あさつゆ 深蒸茶」／茶都（丸山園）

茶器

汎用度が高いシンプルなボヘミアングラスを使用

カット装飾が施されていないシンプルなボヘミアングラスなので、和のコーディネートでも多用しています。冷茶用グラスにしたり、酒器にしたり……。

60mℓサイズの小さめのグラス。

お菓子・器

涼感をそそる夏のお菓子「麩饅頭」をガラスの器に

生麩に餡を包んだ麩饅頭は、笹舟のような形のガラスのお皿にのせました。

「麩饅頭」／深川伊勢屋

小物使い

プレゼンテーション力のある氷出し冷茶器

好きな茶葉を入れて、その上に、氷をたっぷり入れて、冷蔵庫で寝かせます。氷がじわりと溶け出し、時間をかけて冷茶ができます。

デザインも美しい冷茶器。

夏のティーンズ女子会は楽しく、ポップにプリティーに！

今日のゲストは、ティーンズ女子。そのため、和菓子は遊び心いっぱいのものをセレクト。麦茶の器を大人風にしたら、「お酒？」という声が聞こえてきそう。背伸びしたいお年頃の女子にとって、それもよし！ 箸が転がってもおかしい年頃のにぎやかな、ちょっぴり和を楽しむ女子会です。

ビビットカラーの青とガラスで清涼感たっぷり。

テーブルコーディネートのポイント

多色配色、ブライトカラーで楽しさを演出

ビビッドカラーの青のプレイスプレートに、ガラスの器をセッティング。ナプキンは、ブライトトーンのピンクを選択。立体になる扇の形に折って、プレートの端に置きます。ビー玉を2〜3個置いて、涼しさと遊び心をプラス。テーブルの中央には、小さな一輪挿しに仰々しくない可憐な花を選びます。デキャンタにたっぷり麦茶を用意して、おかわりは自由にできるようセッティング。

お茶

水出し麦茶はたっぷりつくって常備しておきましょう

麦茶はたっぷりつくって、水分補給をまめにしたいものですね。ここでは、市販のティーバッグになっているものを使いました。お好みで濃さを調節してください。水出し茶で重要なのは水。ミネラルウォーターや、浄水器で濾したものがおすすめです。

麦茶

茶器

丸いシェイプがかわいらしいグラス

スガハラグラスの丸い形状のグラスを使用。お茶やカクテル、フィンガーフードの器にと大活躍のグラスです。

コーディネートしだいでは、エレガントなイメージにも合うグラス。

お菓子・器

見ているだけでウキウキしてくるカラフルなお菓子

モンブランのように見えるスイーツ、実は大福です。ピンクのプレイスプレートにガラスのプレートを重ね、その間に、南天の葉をはさみました。

大福の上に色鮮やかなクリームがのった夏のお菓子。

縁側で和む至福の一服

縁側のある家も少なくなってきましたが、たまには、縁側で庭を眺めながらお茶を楽しむ時間がもてたら、と思います。子どもの頃は、それこそ縁側で、祖母とスイカを食べたり、駄菓子をほおばったり。そんな夏の日の記憶がよみがえります。

鮮やかな抹茶の色に目を奪われる。

テーブルコーディネートのポイント

折敷とガラス皿を重ねて 立体感のある夏のおもてなし

抹茶好きな友人を招いて、気軽に抹茶を楽しむためのコーディネートです。クーラーを切って窓を全開。外の景色を眺めながら、ゆるりとした時間を過ごします。庭を臨む位置に、黒い縁高の折敷と同サイズのガラスのプレートを重ねてセット。ガラスのプレートの下には、青楓と水をかたどった干菓子を入れています。なんだか、宙に浮いているような不思議な立体感が出ました。

お茶

あまり力を入れすぎずに点て なめらかでクリーミーな仕上がりに

一月のお稽古はじめのお茶会（32ページ）で点てた薄茶と同じ抹茶を使用しました。茶せんをまわすときは、あまり力を入れすぎずに、一気に。なめらかでクリーミーな仕上がりになるように点てます。

「青山の白」／一保堂茶舗

茶器

涼しさを演出する 底が浅く口が広い平茶碗

どちらも、酷暑の時期の七月と八月に用いられる平茶碗です。底が浅く口が広いため、お茶が冷めやすくなる夏に使うお茶碗です。

ガラスは耐熱性。見ため涼やか。

お菓子・器

優雅に泳ぐ鮎をかたどった 夏の定番和菓子

鮎は夏の季語。卵を使った小麦粉生地を焼いた薄皮に求肥をはさんだ焼き菓子です。頭と尾がピンと上を向いたような元気な鮎の姿は、楽しい気分にしてくれます。ガラスのプレートにそのまま置いて。

「登り鮎」／玉井屋本舗

水の和菓子

寒天や葛、ゼリーなど
水気を含んだぷるぷるしたものを中心に
涼やかな水を表した和菓子を選びました。

水ぼたん

牡丹を水中花のように見立てた。／鶴屋吉信

若葉蔭（わかばかげ）

金魚は夏の季語。水面に浮かぶ青葉の蔭を泳ぐ金魚がとても涼やか。／とらや

草庵蕨

国産本蕨粉を使ってこし餡を包んだ生菓子。香ばしい黒豆きな粉のよそおいで。／叶 匠壽庵

道明寺製 巻水

氷餅を付けた水色の道明寺生地で小倉餡を巻いたお菓子。池や湖に広がる水紋を思わせる。／とらや

沢の翠

透きとおった錦玉羹の中に、深い緑の沢を表した、涼感たっぷりの棹菓子。／両口屋是清

涼の晴風 金魚

果物風味のゼリー菓子。真っ赤な金魚がかわいらしい。／笹屋伊織

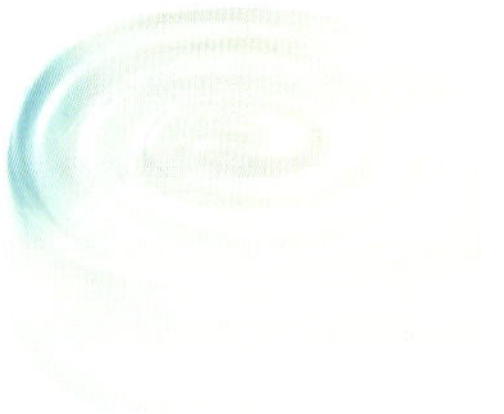

水の彩

流れる水をシンプルに表した寒天菓子。／老松

宝達葛（ほうだつくず）季（とき）すずやか

和風ゼリーの中に能登大納言小豆の葛饅頭をとじ込めた涼菓。／森八

露乃恵 夏の縁日

ラムネ味ジュレに寒天を浮かべると、水の中で金魚が泳ぐゼリーになる。／ISSUI

八月

葉月 はづき

涼を呼び込む

残暑お見舞い申し上げます
夏の贈り物は、お茶を基本に考えてみましょうか

八月は、暦の上では立秋。秋のはじまりです。

しかし、体感ではまだまだ真夏。外は、真っ青な空に、入道雲がもくもく……。

汗をかきながら部屋に入って、よく冷やされた冷茶が供されるとほっとします。

冷たい水出し煎茶や、お茶本来の甘みがいかされた氷出し煎茶をいただくと、
あたたかいお茶とはまた違ったお茶のおいしさを再認識します。

水代わりにがぶがぶ飲む冷茶もあれば、おもてなしの冷茶もありますので、
茶葉も使い分け、いれ方も工夫してみましょう。

氷出し煎茶は、本来、じっくりと時間をかけて、その経過も楽しみながらいれるものですが、
急なお客様というときには、急速冷茶(15ページ参照)を。関東地方では七月にお盆をするところもありますが、全国的には八月。

祖先の霊を迎える「盂蘭盆会」は、家族が久しぶりに一同にそろう日でもあります。

帰省の手土産は何にしましょう、と贈る相手の顔を思い浮かべながら考えるのも楽しいもの。

私はそんなとき、お茶とセットで考えます。「渋みのあるやぶきた種のお茶とこの甘いお菓子は合うかしら?」

「あっさりしたゼリーなら、少し甘みが残る茶葉にしようかしら?」などと……。

冷茶は五感で楽しみましょう

夏のお茶の時間は、見ためも涼しげでさわやかに楽しみたいものです。冷茶は、深蒸し煎茶の茶葉を使うと、きれいな緑色になるので、おすすめです。冷蔵庫の中で、じっくり時間をかけて作る氷出しと水出しは、茶の甘みがしっかりと出ますので、おもてなしの席にもぴったりです。

テーブルコーディネートのポイント

エキゾチックなアンスリウムは赤ではなく、アンニュイな色を選ぶ

水をイメージしたストライプのテーブルクロスに、黒の折敷をセッティング。夏に黒を使うのは、重い感じがすると思われがちですが、その上にガラスの器を置けば大丈夫。ガラスの器の透明感がより引き立ち、涼しげな印象になります。テーブルのセンターには、アンニュイな色のアンスリウムをアレンジ。ここではビビッドな色にしないのがポイントです。洋花を和の空間になじませるには、色選びが重要なのです。

葛きりの器には氷を浮かべて涼しげに。

お茶

冷茶で楽しむ緑豊かな味わいと色

五月の端午の節句のコーディネート（68ページ）でも登場した、やぶきた種の「利休」を使いました。あたたかいお茶とはまた違った味わいになります。飲み比べてみるのもいいでしょう。深蒸し煎茶のきれいな緑色が楽しめます。

「利休」／土橋園

茶器

お茶の色がきれいに見えるボヘミアングラス

七月の七夕のコーディネート（84ページ）で使用したボヘミアングラスの大きいタイプです。たっぷり飲みたいときは、こちらを使います。シンプルなグラスだけに、お茶の色が引き立ってきれいに見えます。

150㎖サイズのボヘミアングラス。

お菓子・器

葛きりはガラスの器に黒密はおちょこに入れて涼を演出

金沢に本店のある森八の「宝達葛くずきり」を使用しました。加賀藩御用葛としての歴史を誇る「宝達葛」を使ったもの。二重構造になった小さいガラスの器に盛り付け、涼やかに。

「宝達葛くずきり」／森八

お手製のかき氷を楽しむお茶会

かき氷のイメージは、お祭りの縁日だったり、子ども会でいただくなど、カジュアルなものだと思います。大人でも真夏日に、ひんやりいただくかき氷のおいしいこと。熱いほうじ茶とともに、特製抹茶シロップでおしゃれに供します。

テーブルコーディネートのポイント

かき氷もごちそうに感じるコーディネート

涼しさを演出するため、テーブルクロスは敷かずに、ガラスのテーブルにアイボリーの折敷をセットしました。中央にかき氷のデザート鉢、奥には三種類のかき氷のシロップを入れた器と湯飲み茶碗。この三アイテムが逆三角形になるようにセッティングします。パーソナルスペースを整然とセッティングすることで、おもてなし感が出ます。

濃厚な味わいの抹茶シロップをかけて。

お茶

香ばしい香りと風味が口いっぱいに広がる

六月の夏越の祓（76ページ）で使用した茶葉と同じものです。そのときは、冷茶にしましたが、ここでは熱々のお湯でいれました。かき氷のあとで冷えたからだに熱いほうじ茶は、まさに極上です。

「極上ほうじ茶」／一保堂茶舗

茶器

陶器の筒型の湯飲みでも黒を選べば、すっきり見える

陶器の筒型茶碗は普段使いのものですが、黒い色ならスマートな印象に。

キリリとして見える黒い湯飲み。

お菓子・器

おしゃれかき氷のポイントは自家製シロップと四角い器

かき氷には、抹茶シロップ、小豆、ほうじ茶シロップを用意。かき氷一杯で三種類の味が楽しめる工夫です。シロップはそれぞれ小さなスクエアのガラスの器に入れました。これを木製のトレーに並べ、とっても小さくてかわいい木のスプーンを合わせます。

左から抹茶シロップ、小豆、ほうじ茶シロップ。

お盆の帰省やごあいさつ時に気のきいた手土産で

おもたせでコーディネート。相手があれこれと悩んで選んでくださったものですから、素敵に見せたいものですね。テーブルにお出しするときは「おもたせで失礼ですが」の言葉を添えて。瞬時にしつらえができる、おもてなし美人になりたいものです。

テーブルコーディネートのポイント

おもたせなら 軽めのセッティングで

お茶碗と菓子皿は同じ三島のもの。

お客様をお待たせしないように、軽めのセッティングで十分。リビングのローボードに、いただいたお菓子と、人数分のティー用のマット、またはトレーを敷きます。敷物を使うだけで、いつものテーブルにちょっとした特別感が生まれます。お茶は、普段飲んでいる煎茶やほうじ茶などでもいいですが、抹茶をさらりと点てて供したら素敵ですね。お花は一輪をさりげなく添えて。何事も仰々しくない〝さりげなさ〟が大事です。

お茶

少し濃いめに点てて 氷を浮かべて冷抹茶に

敷居が高いように感じてしまう抹茶ですが、お菓子に合わせて自由な感覚で楽しみましょう。暑い日なら冷たい抹茶にします。お湯で少し濃いめに点てた抹茶を、氷を入れた器に注いで軽く混ぜるだけ。三島の片口に二、三人分を点てて、つぎ分けます。

「ことのは」／うおがし銘茶

茶器

片口で点てて お茶碗につぎ分ける

薄いねずみ色に刷毛目模様のある、京都の作家さんの三島の片口とお茶碗を使用しました。お茶碗が小ぶりなため、抹茶を点てるのは片口のほうで。できあがったら、片口からお茶碗につぎ分けるようにします。

片口も三島。

お菓子・器

パッケージのセンスもいい ミニどら焼きと最中のセット

一口サイズのもちもちとしたどら焼きと、3.5㎝ほどのかわいらしい鈴型の一口最中の詰め合わせ。竹で編まれた籠に入っているので、手土産にぴったりです。

「○(えん)すず籠」／鈴懸（季節によって籠の色が変わることがある）

水羊羹

つるっとしたのどごしで
暑い夏にぴったりなお茶うけの水羊羹。
涼をとるため、普通の羊羹よりも水分が多いそうです。

竹入り水羊羹

京で採れたみずみずしい青竹に、伝統の技で仕上げた水ようかんを流し込んでいる。／七條甘春堂

特製水羊羹

昔ながらの製法で作られた皮むき小豆のなめらかな口あたりが人気の涼菓。／鈴懸

水羊羹

小豆の風味が豊かな、すっきりとした甘みの水羊羹。つるんとしたみずみずしさが特徴。／叶 匠壽庵

水羊羹 白杢目（しろもくめ）

杢目羊羹は越中富山の代表銘菓。その水羊羹タイプ。年輪模様の美しい木目が特徴的。／鈴木亭

水羊かん

小豆餡でみずみずしくもあっさりと仕上げ、竹をかたどった。／花園万頭

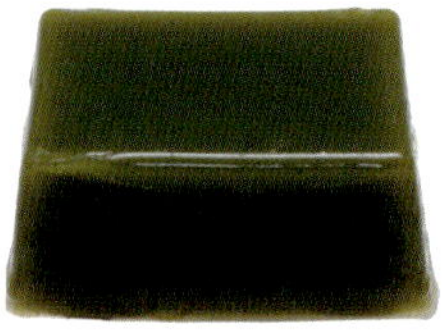

水羊羹（抹茶）

のど越しがよく、なめらかな口あたり。ほかに小豆と大納言もある。／豊島屋

絹ごし水羊羹 みなの川 濃抹茶

口に入れたとたんに、すーっととろけるなめらかさ。一番摘み宇治抹茶を使用。／小倉山荘

水羊羹 小倉

みずみずしさと、しっかりとした練りが特徴。小豆の風味が楽しめる。／とらや

おひとりさまのおもてなし

本書で紹介したテーブルコーディネートの「ひとり分」だけを集めました。
おもてなしのお茶以外にも、自分のお茶の時間の参考にどうぞ。

2月／鬼は外、福は内 節分のモダン茶会（38ページ）

1月／大福茶で晴れやかに元旦を迎える（30ページ）

5月／緑風を感じる きりりとした端午の節句を（68ページ）

3月／お雛様を愛でるガールズティーパーティー（50ページ）

7月／五色の短冊に願いをしたためて（84ページ）

6月／池にできた波紋 ぽつりぽつりと雨音を楽しみながら……（74ページ）

7月／縁側で和む 至福の一服（88ページ）

7月／夏のティーンズ女子会は楽しく、ポップにプリティーに！
（86ページ）

9月／菊香る重陽の節句は晴れやかに祝いの気持ちを込めて
（104ページ）

8月／お手製のかき氷を楽しむお茶会（94ページ）

10月／秋の夜長にお茶と新酒でまったりとくつろぐ ふたりの時間を
（112ページ）

9月／月見団子を供えてお月様を迎える夜のお茶会
（106ページ）

11月／紅葉を愛でながらほっこり楽しむ（118ページ）

10月／大人のためのモダンハロウィンのティーパーティー（114ページ）

12月／お世話になった方々へ 感謝の気持ちを込めて
お歳暮を贈ります（126ページ）

11月／秋のお気に入りの器で和風ティーパーティー（120ページ）

12月／日本茶と和菓子で華やかに祝うクリスマス（130ページ）

12月／冬至の日はあたたかいお茶とスイーツで（128ページ）

九月 月を眺める

長月 ながつき

お月様が最も美しく見えるとき
虫の音を聞きながら、秋の風情とお茶を楽しみましょう

旧暦では、月の満ち欠けに合わせて暦をつくっていたため、月の神は、暦の神とも呼ばれていました。

空気が澄み、月が最も美しく見えるのは、
今も昔もやはり、十五夜から十三夜、九月中旬から十月中旬にかけてでしょうか？

娯楽が少なかった昔、春の花見に並んで、秋の月見は、最大の楽しみだったようです。

まだかまだかと十五夜を指折り数えて待ったことから、十四夜は「待宵月（まちょいづき）」。

十五夜の日が晴れれば、願いが叶ったことから「望月（もちづき）」。

次の日は、月の出が遅くなることからためらうように出るという意味の「十六夜（いざよい）」。

十七夜は、立って待つという意味から「立待月（たちまちづき）」。さらに、月の出が遅くなる十八夜は「居待月（いまちづき）」。

十九夜は、寝て待つことから「寝待月（ねまちづき）」など月にまつわる美しい言葉が、生み出されました。

月にうさぎが住んでいるといういい伝えから月見の頃に合わせて、うさぎの愛らしいお菓子もたくさん売られます。

秋の七草のひとつススキと、月見団子に加えて、うさぎや季節のお菓子を供え、
月を愛でる観月の宴は風流なひとときです。九月は重陽の節句や秋のお彼岸など行事が目白押し。

虫の音を聞きながらお気に入りのお茶をいただいて、秋の夜長を楽しむのもまた風流ですね。

菊香る重陽の節句は晴れやかに祝いの気持ちを込めて

九月九日の重陽は節句のひとつ。中国の陰陽思想で奇数は陽とし、陽数の極みである九が重なることから「重陽」と呼び、大変おめでたい日とされています。菊を愛で、不老長寿を願います。菊花酒で乾杯し、菊づくしの直会（なおらい）の料理をいただいたのち、甘味とともに、同じ茶葉を使い三種のいれ方でお茶を楽しむ余興を用意してみました。

中央に置いた台座には菊のアナスタシアをアレンジ。ピンポンマムに薄く綿を被せた「被綿」。

テーブルコーディネートのポイント

さまざまな菊を テーブルにアレンジする

菊の節句とも呼ばれる重陽のテーブルでは、中央の花は、色違いのアナスタシアという種類の菊を二種使って、丸くラウンドに仕上げました。サイドの花は、ピンポンマムに薄く綿をかぶせ、「被綿（きせわた）」風に。被綿は、平安時代の宮中の女性たちが八日の夜に菊に綿を被せ、夜露や菊の香りを移し、翌朝、その綿を顔にあて長寿を願ったという故事からきているもの。漆の台座を使って、花も一段高くし、立体的に構成します。

お茶

一種類のお茶を 三通りでいただく

一番茶の最良の剣棒（けんぼう）のみを選んで作られた最高級茎茶は、まったく渋みがない甘いお茶です。この一種類の茶葉を、お湯でいれたあたたかいお茶、水出しした冷茶、茶葉を炒ってからいれたほうじ茶の三タイプつくり、飲み比べをします。

「幸せのさくら棒茶」／表参道 茶茶の間

茶器

茶利きをするために 小ぶりなお茶碗を三つ用意

数種類のお茶を飲み比べるときは、中国茶を供する小さなサイズの茶盃がぴったりです。あたたかいお茶は白の磁器のお茶碗、冷茶はグラス、ほうじ茶は持ち手付きのカップにしました。

形は違ってもサイズは同じくらいのものを。

お菓子・器

和菓子も菊の節句にふさわしく 菊づくしに

和菓子もやはり菊にちなんだものを。「まさり草（ぐさ）」は、菊の異名です。

（上）「着せ綿」、（下）「まさり草」／ともに七條甘春堂

小物使い

焙烙で茶葉を炒れば 香ばしさが部屋全体に広がる

自分でほうじ茶をつくるには、茶葉を焙煎するための茶器「焙烙（ほうろく）」があると便利です。ここで使ったのは常滑焼のもの。テーブルに置いて、香ばしい香りを楽しんでもらいます。三種類の器の下に、越前塗のトレーがあることで、グレード感がアップします。

（上）常滑焼の焙烙。（下）お茶碗は越前塗のトレーにのせて。

月見団子を供えて お月様を迎える 夜のお茶会

お月様から見えるように、テーブルは窓際に配し、月見団子を供え、依代（よりしろ）であるススキを高くアレンジして、十五夜お月様の出を待ちます。テーブルには、うさぎのお菓子や月餅などをたくさん用意し、月灯りの宴をスタンバイ。

テーブルコーディネートのポイント

月とうさぎを演出したデザートビュッフェスタイル

夜空に浮かぶ月のごとく、黒のテーブルクロスにゴールドの丸の折敷。その上には、三日月型の陶器の皿にうさぎの餅菓子と羊羹で、十五夜のテーブルをコーディネートしてみました。並んださまざまな月見のお菓子のなかから、好きなものを好きなだけ取っていただくビュッフェスタイルに。各自折敷ごとお持ちになって、別に用意したテーブル席でいただきます。子どもが一緒でも楽しめるテーブルに仕上げました。

急須、菓子器、お茶碗はおそろいのマーブル模様のものに。

お茶

たっぷり飲みたいから香ばしい釜炒り茶を用意

セルフサービスで好きなだけどんどん飲んでいただきたいので、のどごしのいい釜炒り茶を用意しました。生の茶葉を丁寧に釜で炒ったもののため、「釜香（かまか）」といわれる香ばしい香りがあるのも特徴です。熊本県上益城郡（かみましきぐん）で生産されたものです。

「釜炒り茶（神の前）」／茶の葉

茶器

菓子器にも使えるソーサーとおそろいのカップはバリで購入

三日月型のソーサーとカップは、旅先のバリで買ってきたものです。ソーサーに余裕があるので、そこにちょっとしたお菓子ものせられて、重宝しています。釉薬がかかっていない素焼きに近い器で素朴な味わいです。

ソーサーは取り皿としても使える。

お菓子・器

まん丸のうさぎのお菓子を大集合させて

お月見にちなんだお菓子を集めていたら自然と丸い形のものばかりになってしまいました。そこで、まん丸の形のピンポンマムもお菓子のように並べてみたら、とってもかわいらしい感じに仕上がりました。

(上)「月見木箱風」／塩瀬総本家、(下)丸い形が整列!

秋のお彼岸には
おはぎに合う
お茶をマリアージュ

春の彼岸と区別して、のちの彼岸とも呼ばれる秋分の日は、先祖を法要し、しのぶ日でもあります。この日を境に、少しずつ夜が長くなっていきます。お墓参りの後、日が暮れる前に、おいしいおはぎとお茶で一服しましょう。

木目をいかしたお重は、素朴な和菓子が合う。

テーブルコーディネートのポイント

家族でいただくのでほっとなごむ空間をつくる

中央に置いた木製のお重には、おはぎと芋饅頭を詰めました。家族でお茶を楽しむ団らんのひとときです。「今日の茶葉はこれにしたのよ」と、茶葉を懐紙に盛ってしつらえれば、それは立派なトーキンググッズに。飾らない普段着の食卓には、花も野に咲くコスモスを数輪。風になびいたコスモスが、残暑の終わりを告げています。

お茶・茶器

甘いあんこ系のお菓子と相性のいい煎茶

煎茶で、お茶の品種は「さやまかほり」。さわやかな新緑や山々を思わせる香りと渋みが楽しめるお茶です。お茶碗は、我が家で普段使いしている赤絵のものを使用しました。

「あお空」／表参道 茶茶の間

お菓子・器

さつまいもがごろごろ入った素朴な「おにまん」

「鬼まんじゅう」は、薄力粉と砂糖を混ぜた生地に、さつまいもを加えて蒸した、東海地方の家庭的なお菓子。秋らしい菊花形の皿で。

「鬼まんじゅう」/口福堂

小物使い

小さめの木製のトレーにひとり分をセット

小さめのトレーは、ひとり分のお茶とお菓子をセットするのに、便利なアイテムです。あたたかみのある木製なら、ほっとくつろげるテーブルを演出します。ナプキンを添えれば、おもてなし感もアップします。

シンプルで気取らないコーディネート。

うさぎの和菓子

お月見とうさぎは、切っても切り離せない密接な関係。愛らしいうさぎは、真っ白な皮に赤い目と耳をつけた薯蕷饅頭になっていることが多いようです。

うさぎ薯蕷饅頭

お饅頭は鎌倉・室町時代に、中国から帰国した僧が伝えた点心のひとつ。薯蕷饅頭は、上新粉と砂糖を混ぜた生地につなぎで山芋を入れた皮のお饅頭のこと。塩瀬総本店の「うさぎ薯蕷饅頭」は、うさぎとお月様の薯蕷饅頭の詰め合わせ。どうせなら、2つとも食べたい。／塩瀬総本家

舟月夜

金太郎飴のように、羊羹を切っても切っても東雲羹のうさぎとお月様が出てくる。／宗家 源吉兆庵

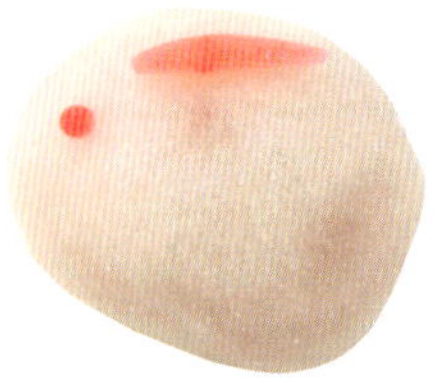

うさぎ餅

赤い目と耳がかわいい、うさぎの形をしたお餅。紅餡入り。／鶴屋吉信

観月うさぎ

錦玉羹で満月を、東雲羹(しののめかん)でうさぎをつくり、風情ある月見の情景をあらわした黒糖風味の羊羹。／菓匠 静閑院

鎌倉半月

ほのかな甘さが上品なせんべいに、ふわっと軽いクリームをはさんだ。／鎌倉五郎本店

十月 実りの秋

神無月 ✣ かんなづき

収穫の秋
秋の夜長を存分に楽しみます

各地からの収穫物が食卓にあがるおいしい季節です。

柿や栗などの果物のほか、新米、根菜類など、まさに実りの秋。

和菓子もそれに連動して、栗、柿、南瓜などの
季節限定のものが店頭を飾り、実りの秋を実感します。

素材をいかした素朴なお菓子からモダンにアレンジされたお菓子まで……。

お菓子選びもひときわ楽しい季節です。

少し熱めの温度でたっぷりいただくお茶もよいですね。

秋の夜長には、キャンドルを灯し、お茶を飲みながら、
ゆっくりと過ごすのもこの時期ならでは。

十月のコーディネートは、お茶とお酒を一緒に楽しむテーブルと
モノトーンでコーディネートしたハロウィンのティーパーティー。

どちらも、私らしくモダンに遊んでみました。

好きなテイスト、好きな空間でお茶を楽しむ。それが結局、いちばん居心地がよくなります。

秋の夜長に お茶と新酒で まったりとくつろぐ ふたりの時間を

秋の夜長に、夫婦ふたり水入らずで、お茶と新酒で静かに語り合う時間を、時には持ちたいものです。照明は少し暗めに。BGMにジャジーな音楽でもかけながら、良質な大人のひとときを。お酒のあてにもなるスイーツをセレクトし、ふたりの時間がはじまります。

背の高いリキュールグラスでスタイリッシュに。

テーブルコーディネートのポイント

異なる素材を組み合わせ上質とトレンドのクロスオーバー

テーブルクロスは、ジョージ・ジェンセンのシックなダマスク織りをチョイスしました。白の折敷の上には、それぞれ異素材の器をセッティング。背の高いリキュールグラスは新酒用です。ある程度高さのある器を使うことで、都会的でスタイリッシュな印象になります。漆のクーラーは、入子膳で少し高さを出しています。カラフルな南部鉄の急須は、テーブルをモダンに仕立てます。

お茶

煎茶と玉露の間のような甘みとうまみがあるかぶせ茶

かぶせ茶とは、新芽が出た後、一週間ほどお茶の木に直接被覆をし、その新芽を煎茶と同じように製造したものです。被覆することで、渋みがおさえられ、甘みとうまみが増すそうです。ここで使用した「有明」は、葉肉の厚い茶の葉を長時間蒸すことで苦みをとり、コクのある味を引き出したお茶です。

「有明」／茶の葉

茶器

お茶の色を楽しむためにシンプルな白磁のお茶碗を使用

お茶の色もしっかり楽しみたいので、お茶碗はシンプルな白磁のものをセレクト。

南部鉄の茶托と合わせて。

お菓子・器

お酒にも合う和と洋のクロスオーバーなお菓子

アクリルプレートにのせたのは、大納言鹿の子豆、うぐいす豆、栗を粒餡バタークリームと合わせてサンドしたやわらかなマカロン。和と洋がミックスしたお菓子です。

「三色かさね ふんわりマカロン」／WA・BI・SA
(2019年3月現在販売終了)

大人のためのモダンハロウィンのティーパーティー

日本にもすっかり定着したハロウィンですが、どうも子どものためのイベントが多く、装飾やお菓子などは、ビビッドなオレンジと黒といったカジュアルなものが多いように感じます。そこで、大人向けのハロウィンを楽しむお茶のセッティングを提案しました。

菓子切りはステンレスのカプチーノスプーンで。

テーブルコーディネートのポイント

全体は白と黒のモノトーン オレンジをアクセントカラーに

ジョージ・ジェンセンのダマスク織りの黒のテーブルクロスに白の長角プレートで、黒と白のコントラストをつけました。お花は、黒い花器にガーベラなどカジュアルな花材を使用。グルーピングしてアレンジしているので、カジュアルな花材でもモダンな印象になっています。キャンドルスタンドは、クロスになっているデザイン性の高いものを選び、スタイリッシュなテーブルに仕上げました。

お茶

自然農法の番茶 苦みが少なくさっぱりしたテイスト

静岡県天竜川上流地方で生産された自然農法の番茶を使用。苦みが少なくてさっぱりしているため、食中・食後のお茶としても楽しめます。

「番茶」／茶の葉

茶器

ソーサーがプレートにもなり セッティングに時間がかからない

プレートとカップが一体型になっているこの器は、和にも洋にも合い、あたたかいお茶でも冷茶でも使えます。急な来客にもセッティングに時間がかからないので、重宝しています。

ソーサーが大きいため、お菓子も盛り付けられる。

お菓子・器

かわいらしいお菓子を 整然と並べてスタイリッシュに

かわいい顔がついたお饅頭も整然と並べるとスタイリッシュな感じになります。細長くてチョコレートやナッツなどがトッピングされているラスクは、ショットグラスに入れ、こちらも整然と並べました。

「かぼちゃ饅頭」／銀座甘楽、「スティックラスク」／Cafe Ohzan

栗の和菓子

秋の味覚として見逃せない栗。
栗きんとん、栗羊羹、栗饅頭……など
日本には、栗を使った和菓子が実に数多くあります。

くりきんとん

茶席で「きんとん」というと、餡玉のまわりにそぼろ状の餡をつけたものをさすが、「栗きんとん」となると、茶巾しぼりにしたものが多い。この「くりきんとん」は、大粒で甘みとうまみがある、ホクホクした食感が特徴の熊本県産の栗を使用。／叶 匠壽庵

姫栗もなか

栗の形の皮に、小倉餡と刻んだ栗が入っている小ぶりな最中。
／銀座あけぼの

こぼれ栗

大粒な栗をたっぷり詰めた栗蒸し羊羹。上部には、蒸し生地の浮島を重ねた。／鈴懸

焼栗松露

「松露（しょうろ）」とは、丸めた餡に、すり蜜をからめて固めた伝統菓子。
／亀屋友永

栗まろ

栗の焼印がついたお饅頭。中にはこし餡で包まれた、蜜漬けの栗がまるごと入っている。／鶴屋吉信

十一月

霜月《しもつき》

紅葉狩り

錦おりなす季節に想いを寄せて
秋の新茶・蔵出し茶を楽しみます

「霜降月」は、その名のごとく霜が降る月。

木枯らしが吹き、朝夕は冷え込み、寒暖の差が激しくなってくる頃です。

早いところでは、十月ぐらいから紅葉がはじまりますが、ピークは十一月の後半でしょうか。

紅葉は、夜の冷え込みが厳しく、日中との寒暖の差が大きいほど、鮮やかさが増すといわれています。

本格的な冬の到来の前に、命を燃やすように、赤く染まる葉の潔さに、
人は共感し、心打たれ、同時に季節の移ろいとはかなさを感じるのでしょう。

十一月は、そろそろ冬仕度。そして、お茶屋さんには秋の新茶（蔵出し茶）が出まわりはじめます。

春の新茶を寝かせて保存した蔵出し茶は、熟成されてまろやかさが加わり、深い味わいになります。

お茶屋さんを訪ねて、いろいろ試飲をさせていただきながら茶葉を選びます。

最近になってわかったことがあります。「どんな気持ちでお茶をいれるのか」。

それによって同じ茶葉でも茶の味を左右するのです。お茶は、基本さえしっかりおさえれば、だれでもおいしくいれることができます。

それをさらにおいしく、笑顔になる一杯・時間・空間……そのプラスアルファのエッセンスを
本書を作っていく過程で、私も学べたような気がしています。

紅葉を愛でながらほっこり楽しむ

自然からの贈り物、季節が織りなす美しさにしばし、時間を忘れて見とれるひととき。お菓子は、素朴なものを用意し、「素」を楽しむ時間です。

萩焼の湯飲みとかりんの砂糖漬けでほっこりと。

テーブルコーディネートのポイント

自然素材で素朴な美しさと穏やかさを

窓辺に座卓をしつらえ、みなさんが紅葉を鑑賞できるようにセッティングします。自然の美しさの前には、自然の恩恵をいかした素材で穏やかなコーディネートをしたいものです。籠を花器にして、リンドウ、菊、木イチゴをナチュラルにアレンジ。木製のトレーに萩焼の湯飲み茶碗で、素朴な風合いを出しました。コーディネートに使っている色は、お菓子もいれて、黄色〜茶色にかけての単色。落ち着いた雰囲気にまとまります。

お茶

茎の持つ特有のコクとやわらかい甘みを楽しんで

茎茶は、仕上げ工程で取り除かれた茎から製造。玉露から選抜されたものは、「かりがね」「しらおれ」と呼ばれ、とても高級です。苦みや渋みが少なく、さっぱりとした味わいが特徴です。このお茶の生産地は、福岡県八女の里。土壌、気候ともに上質茶の生産に最適な条件を備えています。

茎茶

茶器

茶の湯で使うための窯元としても有名な萩焼

萩焼窯元勝景庵　兼田世系八代、兼田佳炎作の湯飲み茶碗を使用。萩焼は「一楽二萩三唐津」といわれ、茶陶としても人気があります。

やわらかい風合いが特徴の萩焼の湯飲み。

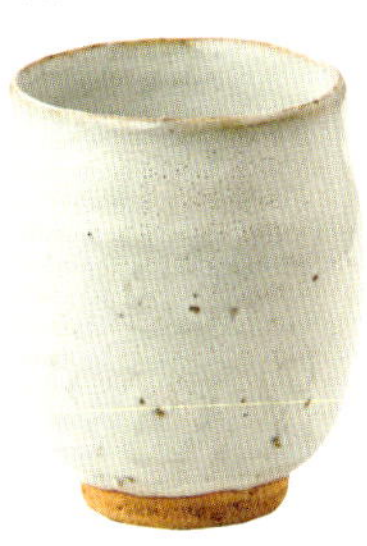

お菓子・器

昔からある素朴なお菓子を数種類

白唐津のお皿の上には、京都に昔から伝わる炙り餅を。枡には、さつまいものかりんとうやかりんの砂糖漬けなど、素材をいかした素朴なお菓子を盛り付けました。

(上)京炙りもち「やすらい」／七條甘春堂、(下)素朴なおやつ3種。

秋のお気に入りの器で和風ティーパーティー

洋食器を使って、おもてなしのティータイムを和風にアレンジ。秋限定で使っている「fall」というシリーズのポルトガル製の器でコーディネートしました。「テーブルから季節の情景をつくる」。テーブルコーディネートをする際に、いつも心掛けていることです。お茶は秋限定の緑茶ベースの栗のフレーバードティー。栗の甘い香りが広がって、豊かな時間が流れます。

十一月

紅葉狩り

テーブルコーディネートのポイント

色の効果とわかりやすいテーマ性 主役と脇役をはっきりと決める

紅葉をテーマにする場合、誰もがわかるようなメッセージをテーブルに組み込むこと。今回なら、テーブルトップにおいた器が主役。白磁に赤の紅葉の器が映えるようにコーディネートしました。そのため、白のテーブルクロスに赤のランナー、黒の折敷、と色をリピートさせながらメリハリのあるスタイルに。中央には、黒の一文字トレーに紅葉を敷きつめ、その上に紅葉の柄の入ったお皿を置きました。

センターに置いた一文字トレーには色づいた葉、お皿のリピート。

お茶

栗の甘い香りが漂うフレーバードティー

緑茶ベースの栗のフレーバードティーを使用。栗の甘みと緑茶のまろやかさが、甘く懐かしいハーモニーを奏でます。

「栗」／ルピシア
※季節限定販売9〜2月頃。

茶器

紅葉を施したポルトガル製のカップ&ソーサー

ポルトガルのスポルト社の「fall」というシリーズ。もともとは、エスプレッソのカップ&ソーサーですが、器も一器一用では、もったいない。アイデアで一器多用したいものです。

カップの内側に紅葉が描かれている。

お菓子・器

彩りと味わいが多様な吹き寄せ

缶のままお出ししているのは、小さなおこしや焼き菓子などが集まった、彩りも豊かな吹き寄せです。

「冨貴寄 ふくろう」／銀座菊廼舎

蔵出し茶と薄茶のコース仕立て

紅葉のお庭を借景にいただく、お茶のコース仕立て。お着物で少しおしゃれをしてお出掛けくださいませ。秋の新茶と呼ばれる蔵出し茶と薄茶でおもてなし。一期一会の日常から離れた今風お茶会に、ほどよい緊張感と和みの時間が融和するときです。

薄茶は点てた順に召し上がってもらう。

テーブルコーディネートのポイント

凛ととぎすまされた空間を目指し 深みのある色で重厚感を

座卓にしつらえたテーブルですので、正式なお茶会ではありませんが、凛とした空気のなかで、「蔵出し茶と薄茶の二種類のお茶を楽しむ」をコンセプトに、テーブルをつくりました。晩秋をイメージしたため、テーブルクロスは茶色を選択。それぞれのお茶碗とお菓子が引き立って見えるようなコーディネートです。深みのあるハードな色みを使うと、重厚なイメージをつくりやすくなります。

お茶

新茶を熟成させた蔵出し茶と 苦みのなかに甘みを感じる抹茶

蔵出し茶は、新茶を低温貯蔵し、熟成させたもの。新茶の角がとれたまろやかな味わいです。抹茶は、一月のお稽古はじめのお茶会（32ページ）のときと同じものです。

(上)「青山の白」／一保堂茶舗、(左)「宇治童仙房」／茶の葉

茶器

赤絵の九谷焼の煎茶茶碗と ひとりひとりに合った抹茶茶碗

煎茶には、赤絵がかわいらしい九谷焼の煎茶茶碗。抹茶茶碗は、すべて異なるものを用意。

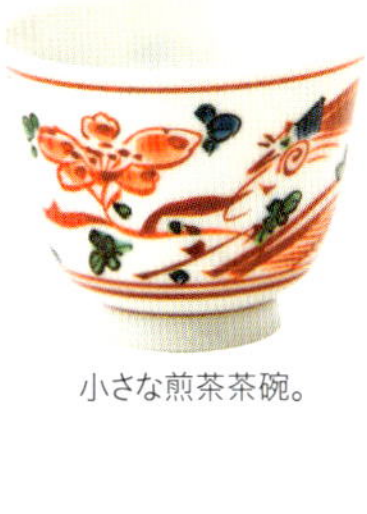

小さな煎茶茶碗。

お菓子・器

主菓子は艶やかな九谷焼の大皿に 干菓子は漆の菓子器に

主菓子の盛り皿は、艶やかな五彩が特徴の九谷焼。取り皿は、織部の市松を使用。干菓子は、漆の鼓（つづみ）の形の菓子器に、上品に余白を残しながら盛り付けました。

(上)「京の四季」、(下)「秋の山路」／ともに七條甘春堂

紅葉の和菓子

一日ごとに変化するこの季節の山々。黄色から赤へと変わる、その微妙な色合いを表した繊細で美しい紅葉の生菓子です。

紅葉きんとん

つぶ餡の餡玉のまわりに、赤と黄色の彩りのきれいなそぼろ状の餡をつけて紅葉に見立てた。／鶴屋八幡

散紅葉

散りゆく紅葉を白こし餡で表現。／森八

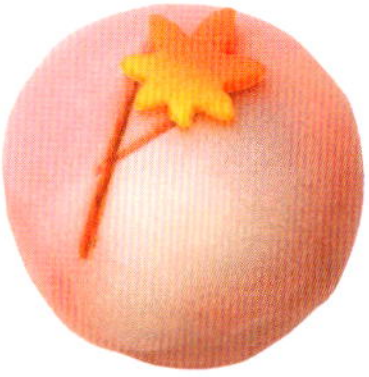

小春日和

穏やかであたたかい日にぽつんと見える紅葉をかわいらしく。／梅園

高尾

京都の高雄山の紅葉をイメージ。／老松

紅葉

赤くなりかけたきれいな色合いの葉で餡を包んだ。／新杵

落葉だより

こなしでつくった落葉で甘さ控えめなこし餡を包んだ。／笹屋伊織

遠(とお)紅葉

遠くに見える山々の紅葉の美しさを3色で表した。／とらや

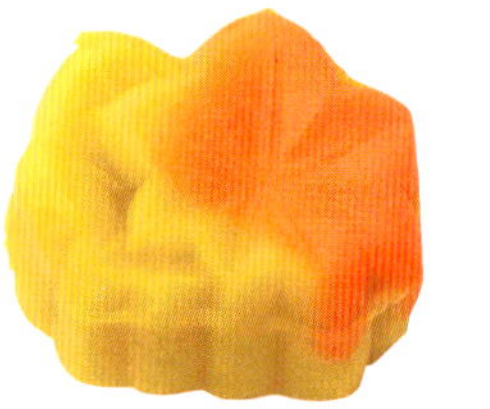

紅葉

黄色から赤に変化する微妙な色合いを表現。／梅園

十二月 冬至の日に願う

師走 しわす

冬至を境に日がまたのびる一年のはじまり
満ちていくこの一年に感謝をします

「師走」は、師（お坊さん）も走るほどあわただしいことが由来かと思っていましたが、どうやらこれは、江戸時代からの俗説のようです。

万葉の時代から、十二月は「しわす」と呼ばれていたようで、仕事や年、四季が果つる、満ちるという意味があるようです。

十二月は、お正月の年神様を迎えるための大掃除のすす払い、日頃お世話になっている方に感謝の気持ちを込めてお贈りするお歳暮、冬至、クリスマスと行事がたくさんありますが、どれも満ちていく一年に感謝をして、新しい年のはじまりに向けての事はじめのようですね。この一年のさまざまな出来事を振り返り、素敵なご縁や出会いなどすべてが出会うべくして、一年が満ちていくのだと思えるようになりました。

お茶のセッティングも最終章。一年の行事を通して、日本茶と和菓子のあるコーディネートをご紹介してきましたが、みなさまのお心に通じる、満ちるものがあったでしょうか？四季おりおりの日本ならではの美しい和菓子、そしてお茶……。

時にはひとりでゆっくりと味わう時間、家族の団らんの時間、友人たちと過ごす楽しい時間、緊張感をもってお茶と向き合う時間、そのすべてがどれも愛おしく、大切な時間です。

お世話になった方々へ感謝の気持ちを込めてお歳暮を贈ります

「今年もお世話になりました。来年もよろしくお願いいたします」の気持ちを込めて。お歳暮は、もともとは嫁いだ娘や、分家の人が本家に正月用の供え物を届けたのが起源のようです。親しい間柄なら、旅で見つけたおいしいものやお気に入りのお取り寄せを持参して、一緒にお茶を楽しむのはいかがでしょう。

テーブルコーディネートのポイント

計算された
紅白のミニマムなコーディネート

テーブルにはクロスはせず、光沢のある質感をいかします。パーソナルスペースには、赤の折敷をメインに白の宝瓶と茶器をセット。「白磁のお茶碗＋アルミの茶托」の組み合わせが、モダンなお茶の世界観をつくります。角の構成にこだわり、真上から見ても美しいデザインにしました。ひとつひとつの形状は極めてシンプル。素材はバラバラですが、シンプルな形状ゆえに、それぞれの素材のよさを引き立て、モダンな仕上がりになりました。

冬の日の光も演出として計算して。

お茶

あんこには
渋みのある煎茶を選ぶ

水窪（みさくぼ）は、静岡県天竜川上流の山間奥地で育った野性的なお茶。山茶特有の力強い渋みと香りがあります。特色をいかすため、強い火加減で、蒸し時間を短く。いれたお茶の色は黄金色。渋みがあるため、甘い最中とは相性抜群。厳しい環境で育った茶葉なため、高温のお湯でも大丈夫です。

「水窪」／茶の葉

赤と白でモダンにすっきりと。

茶器

アルミ素材のコースターに白の茶器
モダンな色の取り合わせで

シンプルでモダンな器ほど、お茶の色や味がわかりやすい。煎茶の黄金色の水色が際立って、いただく前から期待感が上がります。

菓子器としても使えるコースター。

お菓子・器

とっておきたくなる
かわいい箱入りのお菓子

心ばかりのお品は、パッケージにもこだわりたいもの。メッセージが印刷された箱に入ったお菓子は、受け取った人の心に響きます。

ぴったりなメッセージの箱を探して。

冬至の日は
あたたかいお茶と
スイーツで

一年でいちばん日が短い冬至。貴重な冬の日差しのなかで、あたたかいお茶と甘味でゆるりとしたひとときを。陰が極まって再び陽にかえる日「一陽来復（いちようらいふく）」。この日を境にまた運が向くとされています。運を呼び込むには「ん」のつくものを食べるのがいいとか。来年もよい年になりますように……。

テーブルコーディネートのポイント

自然素材でぬくもり感を アクセントの赤は邪気払い

昔から、赤は邪気を払う色とされていました。葛湯を入れたお椀と、ナプキンを折ってつくった箸袋に、朱色を入れたのはそのためです。葛湯やおしるこなどのあたたかい甘味は、お湯を入れる前の個別に包装されたものを籠にまとめて入れておき、お客様が自由に選べるようにしておくのもいいものです。どれにしようかな……と会話のきっかけにもなりそうです。

自然素材の籠に、ケイトウと赤トウガラシをアレンジ。

お茶

手早くいれられる粉煎茶 たっぷりいただきたいときに

使用したのは粉煎茶。お鮨屋さんで供されることが多いお茶ですね。深い緑色のお茶をたっぷりいただきたいときにおすすめです。価格も手頃で、デイリー使いにぴったり。粉茶なので、茶濾しはきめの細かいものを使います。

粉煎茶

茶器

たっぷりといただきたいから 大ぶりのフリーカップで

粉煎茶は、茶濾しがお茶碗の奥まで入るもののほうが、おいしくいれられます。そのため大ぶりのフリーカップを使います。

フリーカップは、お茶に限らず、多用使いができる。

お菓子・器

冬至にちなんだ柚子のお菓子で からだをあたためる

「柚衣（ゆずごろも）」は、蜜漬けしたまるごとの柚子の中に餡と小豆が入ったお菓子。小豆は魔除けの色。厄払いになって一石二鳥です。ほかに葛湯など、からだをあたためるお菓子も用意。

左から「柚衣」／彩雲堂、「みつ豆くず湯」／鶴屋吉信

日本茶と和菓子で華やかに祝うクリスマス

楽しみにしていたクリスマス。今年は、趣向を変えて日本茶と和菓子で祝うクリスマスはいかがですか？ 深蒸し茶のグリーンが電飾に反射し、キラキラ輝いて見えます。いつまでも記憶に残るコーディネートで、メリークリスマス！

テーブルコーディネートのポイント

白とシルバーを基調に洋食器を使い 和と洋のクロスオーバーテーブル

白のジャガード織りのテーブルクロスに、シルバーの折敷。食器は、青白磁の洋食器で、エスプレッソカップとバタープレートを使用しました。和と洋のクロスオーバーテーブルで、聖夜を祝います。全体の色のトーンをおさえ、シックなイメージに。緑茶を入れたグラスが、キラキラと反射し、クリアな煌めきを演出します。中央のケーキスタンドの下段にはリース、上段にはクリスマスモチーフの和菓子を並べます。

和菓子はケーキスタンドにのせ、好きなものを選んでもらう。

お茶

緑色が美しい深蒸しで 苦みと渋みの少ない茎茶

お茶でもクリスマスカラーのグリーンを出したかったため、緑色が美しい深蒸し茶にすることに。パーティーでは、どんな人の口にも合うよう、あまりくせがなく、苦みと渋みが弱いものを選びます。冷茶とホットのどちらにしてもおいしい「茎茶50」というお茶をセレクトしました。

「茎茶50」／茶の葉

茶器

普段使いしている エスプレッソカップを使って

エスプレッソカップですが、持ちやすく飲みやすいため、お茶にも愛用している器。ホワイトクリスマスを連想させる清楚なイメージ。

ポルトガル製の磁器。

お菓子・器

クリスマスモチーフの菓子は トーキンググッズに

パリで購入したミラーのケーキスタンドの上段には、サンタクロースやツリーなどクリスマスモチーフの上生菓子を。派手にデコレーションされたクリスマスケーキにも見劣りしない、とってもかわいらしい和菓子です。

「クリスマス上生菓子」／KITAYA六人衆。

最中

皮と餡のシンプルな組み合わせ。
そのためか、お店によって、形は実にさまざま。
最中は本来「秋の最中」で、中秋の名月のことという説も
あるとか……。

神楽坂古梅

梅の形をした一口サイズの最中。
／神楽坂 梅花亭

弥栄(やさか)

日本で親しまれている菊をかたどった、とらやの定番
最中。中の小倉餡と皮のバランスが絶妙。／とらや

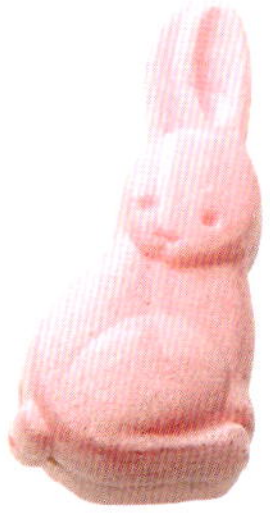

飛躍うさぎ最中

うさぎをかたどったかわいい最中。
中は柚子餡。／神楽坂 梅花亭

蛇玉(じゃだま)もなか

金沢で390年以上続くお店に伝
わる紋章をかたどった。中にはしっ
とりとなめらかな餡。／森八

鮎の天ぷら最中

鮎の形をした最中の皮を菜種油で
さっと揚げた最中。油っぽくはなく、
とても香ばしい。／神楽坂 梅花亭

ふくみ天平(てんびん)

求肥入りの餡をはさんでいただく
手づくり最中。／たねや

相国(しょうこく)最中 栗

「相国」とは中国で宰相のこと。お
菓子の中の最高の位を目指して作
られた。／和菓子 紀の国屋

百楽 つぶ餡入り

中にはぎっしりとあっさりしたつぶ
餡が入っている。／鶴屋八幡

いつでも楽しめる お茶と和菓子のテーブルコーディネート

季節や行事などにこだわらず、いつでも気軽に楽しめるテーブルコーディネートを2例ご紹介します。

静岡茶で楽しむビュッフェ式ティーパーティー

日本一のお茶処といわれる静岡のお茶を楽しむためのビュッフェスタイルのティーパーティー。茶葉は県内の3つの産地からセレクト。プレートスタンドにはゲストが持ってきてくださったこだわりのお菓子で、持ち寄り式に。新しい発見や意外なマリアージュに盛り上がること間違いありません。

テーブルコーディネートのポイント

テーマを明確にするために 主役はセンターに

静岡茶を楽しむというテーマを明確にするために、茶葉を中央に銘柄がわかるようにディスプレイ。カジュアルなティーパーティーでは、器をシリーズでそろえる必要はないので、形と素材にも変化をつけて楽しさを演出しましょう。お花やプレートも着席のときより高くして、高低差をつけてプレゼンテーションします。

お茶 味わいが異なる三種類を飲み比べる

使用した三種類のお茶は俵峰の「やぶきた」、川根の「おくひかり」、本山の「香駿」。静岡市日本平生まれの最優良品種のやぶきたは、日本で最も生産されている品種茶です。穏やかで上品な香味が特徴です。おくひかりは洗練されたうまみと渋みがあり、香駿はさわやかな味わいです。

常滑焼の平型急須は、茶葉がゆるゆると静かに開いていくのをながめられる。

「やぶきた」

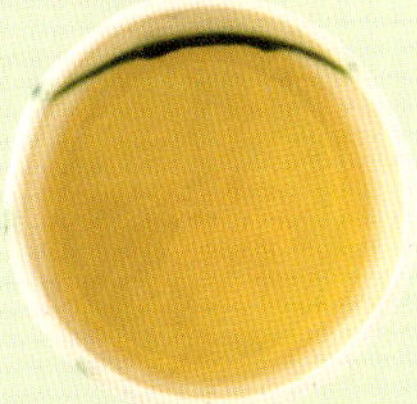

茶器 汲出し茶碗ほか 飲み比べ用にはぐい飲みを代用しても

湯飲みは素朴でやさしい風合いの織部釉の汲出し茶碗。三種の茶葉で飲み比べするときは味と香りが混ざらないように、茶器も分けたいものです。汲出し茶碗ほか、ぐい飲みなども見立てで使いました。

織部釉の汲出し茶碗。

お菓子・器 たくさんの種類をプレートスタンドで自由に取ってもらう

さまざまなタイプのお菓子をそろえられるのが持ち寄り式のいいところ。果汁ゼリー、いちご、トマトの砂糖菓子、鶯餅、どら焼きを黒のプレートに盛り、プレートスタンドにのせてビュッフェの演出に。

カラフルなお菓子を引き立たせるのに、黒のプレートは便利。

テーマカラーを抹茶色に

お茶好きの友人とのお茶の時間は、テーマカラーを打ち出し、自服（自分自身でお茶を点ていただく）スタイルでおもてなし。グリーンのブリッジランナー、緑の織部焼の器、和菓子には抹茶ゼリーと鶯色の上生菓子で、抹茶色に統一しました。

テーブルコーディネートのポイント

抹茶色と黒の中に
ピンクを差し色にしてリズムを

自服していただくので、それぞれに鉄瓶、棗、茶せん、茶杓を用意して、好みのお茶を楽しんでいただきます。段差のあるシノワズリー風の飾り棚がテーブルのアクセント。抹茶色のテーマカラーの中に、濃いピンクの花と鉄瓶で動きのリズムをつくります。

丸い器のなかに長板でメリハリを。

お茶

自服スタイルには
好みで濃さを調節できるタイプを

濃茶と薄茶にのどちらにも使える抹茶を使用し、好みで濃さを調節していただくようにします。さっぱりいただける抹茶ゼリーには薄茶、しっかりした甘みのある上生菓子には濃茶が合います。

薄茶と濃茶のどちらにも使用できる抹茶。

茶器

オールシーズン使える
拭き漆の抹茶茶椀

口あたりのよい漆の抹茶茶椀は、使い込むほどに艶が出て経年変化を楽しめます。おろしたてのときに漆のにおいが気になる場合は、鷹の爪を半分に割って収納してみてください。

欅抹茶茶椀 炭地黒摺漆。

お菓子・器

テーブルの中心には存在感のある
織部の皿でインパクトを

テーマカラーに合わせて27cm織部の高台付き丸プレートを選び、愛嬌のある鶯色の鳥の形の和菓子を用意しました。この織部の高台プレートは、菓子の盛り皿としてだけでなく、料理にも使える万能プレート。

ぷっくりとして愛らしい鳥の形の上生菓子。

お茶会の亭主をつとめました

私がお稽古に通っている翡翠流の翠庵にて、
お茶会の亭主をつとめる機会をいただきました。
その日は、ちょうど冬至の日と重なりましたので、「一陽来復」をテーマにしつらえました。

和ろうそくの薄灯りと静寂のなかでおごそかに

冬至は「一陽来復」といわれ、陰が極まり陽に転じる日で、春や新年のはじまりです。邪気を祓う赤をテーマカラーとして一年の無事を感謝し、ご参加の方々にたくさんの幸運が運ばれることを願って、運盛りのしつらえでお迎えしました。

照明をおとし、和ろうそくの灯りだけで、水の音とお湯の音を頼りにお茶を点てます。

濃茶は真のしつらえでおごそかに。お茶碗は格が高いとされる井戸茶碗。茶杓は象牙。茶入れは大樋焼（おおひやき）を選択。お正客から同じお茶碗で飲みまわします。濃茶が終わるとお道具をしまい、薄茶に入ります。

薄茶は草のしつらえで、楽しく時におしゃべりをしながら、薄茶を点てます。薄茶碗は陶芸家・富田啓之さんの器。棗は時代物の南瓜蒔絵の平棗。茶杓は輪島塗のカトラリーを見立てました。みなさんは見たことのない新しい器、取り合わせ、趣向に驚きをかくせないご様子でした。テーブルコーディネートとお茶会は異なるように見えますが、もてなす心、お客様が楽しいお時間を過ごしていただきたいと願う心、感謝と幸せに満ちることは同じだと実感した時でもありました。

邪気を祓う

小豆は邪気を祓うものとされ、お団子は12ヵ月を表しました。1年の無事に感謝し、新しい年の無病息災を願うしつらえです。中央には冬至にちなむ柚子を添えて。

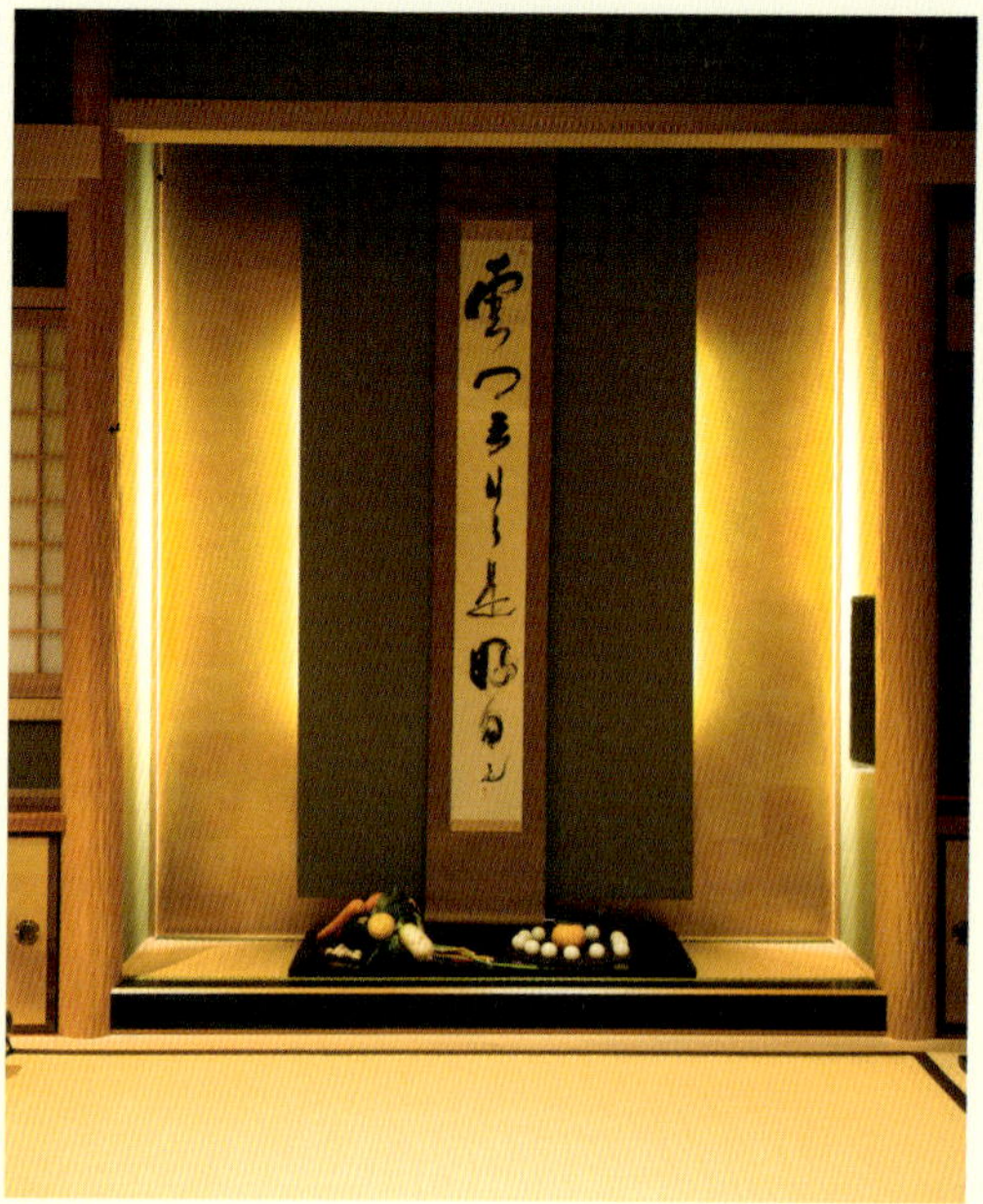

床の間・掛け軸

お軸の「雲門去日々是好日」は吉也筆。本日の「一陽来復」に添える心で掛けました。漆の敷板に、小豆を使った邪気を祓うしつらえと、運盛のしつらえをしました。

天井

一面が平面になっている網代の格（ごう）天井。一般的に客人が座るところとなり、天井が斜めになっているのは掛込（かけこみ）天井といい、下座になります。天井にも真、行、草があります。

運盛り

かぼちゃ（南瓜）、にんじん、れんこん、ぎんなんなど運気アップの「ん」のつく食材で運盛り。そこに冬至の柚子と、テーマカラーの赤の食材・唐辛子、五行説からくる五色を加えました。

お茶碗

濃茶で使用した茶碗 銘 去来 井戸茶碗 唐津焼 古賀賢治作。高麗茶碗の一種で、抹茶茶碗の最高位。枇杷色にたとえられる土色と高台の際にできるかいらぎが見所。

酒器

お茶席の前に、日本酒でからだをあたためていただきたく大吟醸を用意。高台杯は浜裕子デザインで伝統工芸輪島塗加藤漆器店謹製のものです。引継ぎ盃は京塗。

和菓子

主菓子は島根から取り寄せた彩雲堂の柚衣。菓子器は朱塗り三足。テーマカラーの赤の器に、冬至の柚子と、すべてストーリーにこだわって。

飾り棚

何かおもしろい趣向をと思い、シノワズリーの飾り棚を用意し、月夜棚と見立てて使いました。水指は菱田賢治作 六角塗に、南天の葉と実で葉蓋に。

はじめてのお茶会 基本のお作法

敷居が高いように思ってしまうお茶会ですが、そんなに気後れしなくて大丈夫。「相手に迷惑をかけない」という気持ちが本当のお作法です。ここでは、はじめてお茶会に招かれた場合に、知っておいたほうがいいアレコレをご紹介。

扇子、懐紙、菓子切りの3点セットを用意する

事前に用意しておきたいのは、挨拶のときに用いる「扇子」、お茶碗の飲み口を拭ったり、お菓子の受け皿代わりに使う「懐紙」、和菓子を食べるときに使うステンレス製の「菓子切り」です。懐紙はお茶会のときだけでなく、和食をいただくときやちょっとものを包むときに便利ですので、常にバッグに忍ばせておくといいでしょう。

3点セットを入れる袱紗ばさみ（和装のバッグ）があると便利。

洋服でもOK！白い靴下を忘れずに

服装は、あらたまった茶事なら無地の色紋付や訪問着が最適ですが、洋服でもかまいません。その場合、男性でも女性でも新しい白い靴下を用意し、玄関で履き替えます。

靴下は白ならばどんなものでもいい。写真は指先が足袋のように割れているタイプ。

歩くときに畳の縁は踏まないようにする

茶室の入り方や足の運びは流派によって異なりますが、畳の縁は踏まないようにして進みます。

きっちりと正座！ではなく、崩してもOK

正座が流儀に入ったのは江戸時代以降。それ以前は男性がほとんどだったこともあり、客はあぐらをかいてくつろいでいたとか。正座が苦手な方は無理をせずに、挨拶が終わったら、足を崩しても大丈夫です。シビれてモジモジしているよりも潔く崩したほうがスマート。

懐紙は無地のものから季節の模様が入ったものなどさまざまなタイプがあり、選ぶのも楽しい。

抹茶茶碗は時計まわりにまわして正面を避けていただく

抹茶を出されたら、次の方に「お先に」と挨拶し、亭主に「お点前頂戴します」と挨拶します。まず右手で取って左手にのせ、右手を添えて感謝し、お茶碗を時計まわりに2回、約45度まわして正面を避けていただきます。飲み口を指で拭い、懐紙で指を清めます。今度は時計反対まわりにまわして、正面の位置に戻します。

お客様のなかで正客と末客（お詰め）は、問答や役割がありますので、なるべく避けます。

＊ガチガチに緊張してはせっかくのお茶会を楽しむことができません。リラックスしてのぞみましょう。

茶葉・お菓子の問い合わせ先

あ

ISSUI	新宿区新宿 3-14-1 伊勢丹新宿店本館 B1F TEL03-3352-1111 (大代表)
一保堂茶舗	京都本店 京都市中京区 寺町通二条上ル 常盤木町 52 TEL075-211-3421
うおがし銘茶	築地新店 茶の実倶楽部 中央区築地 2-11-12 TEL03-3542-2336
梅園	浅草本店 台東区浅草 1-31-12 TEL03-3841-7580
老松	北野店 京都市上京区 北野上七軒 TEL075-463-3050
小倉山荘	お客様受付 TEL075-951-1401
表参道 茶茶の間	渋谷区神宮前 5-13-14 TEL03-5468-8846

か

神楽坂 梅花亭	神楽坂本店 新宿区神楽坂 6-15 TEL03-5228-0727
菓匠 清閑院	祇園本店 京都市東山区 四条通大和大路東入 祇園町南側 572-2 TEL075-741-6634
叶 匠壽庵	本社 大津市大石龍門 4-2-1 TEL0120-257-310
Cafe Ohzan	銀座三越店 中央区銀座 4-6-16 銀座三越 B2F TEL03-3535-1817
鎌倉五郎本店	鎌倉市小町 2-9-2 TEL0120-07-1156
亀屋友永	京都市中京区新町通丸 太町下ル大炊町 192 TEL075-231-0282
亀屋良長	本店 京都市下京区四条 堀川町東入北側醒ケ井角 TEL075-221-2005
寛永堂	四条本店 京都市中京区 先斗町通四条上ル柏屋 町 171-3 TEL0120-156-886
KITAYA 六人衆	本社 足立区千住緑町 1-24-20 TEL03-3881-3303
銀座あけぼの	銀座本店 中央区銀座 5-7-19 TEL03-3571-3640
銀座甘楽	銀座本店 中央区銀座 6-2 TEL03-3573-2225
銀座菊廼舎	本店銀座コアビル 中央区銀座 5-8-8 銀座コアビル B1 TEL03-3571-4095
桂新堂	名古屋市熱田区金山町 1-5-4 TEL0120-08-7667
口福堂	柿安本店 お客様相談センター TEL0120-554-410

さ

彩雲堂	本店 松江市天神町 124 TEL0852-21-2727
笹屋伊織	京都市下京区七条通 大宮西入花畑町 86 TEL075-371-3333
塩瀬総本家	本店 中央区明石町 7-14 TEL03-6264-2550
塩野	港区赤坂 2-13-2 (2020 年春までは 仮店舗で営業) TEL03-3582-1881
塩芳軒	京都市上京区黒門中立売 上ル飛騨殿町 180 TEL075-441-0803
新杵	本店 清瀬市中里 5-8-1 TEL042-492-4411
鈴懸	本社 福岡市博多区 下呉服町 4-5 TEL092-291-2867
鈴木亭	富山市西町 6-3 TEL076-421-4972
清月堂本店	中央区銀座 7-16-15 TEL03-3541-5588
仙太郎	京都市下京区寺町通 仏光寺上ル中之町 576 TEL075-344-0700
宗家 源吉兆庵	銀座本店 中央区銀座 7-8-9 TEL03-5537-5457
総本家駿河屋	総本家駿河屋駿河町本舗 和歌山市駿河町 12-1 TEL073-431-3411

た

高野屋貞広	京都市南区上鳥羽塔ノ 森柴東町 19-1 TEL0120-996-263
たねや	たねや 日牟禮乃舎 近江八幡市宮内町 日牟禮ヴィレッジ TEL0120-295-999
玉井屋本舗	本店 岐阜市湊町 42 TEL058-262-0276
茶都(丸山園)	新宿区内藤町 1-4 TEL03-3341-4188
茶の葉	銀座店 中央区銀座 3-6-1 松屋銀座 B1F TEL03-3567-2635
鶴屋八幡	大阪本店 大阪市中央区 今橋 4-4-9 TEL06-6203-7281
鶴屋吉信	本店 京都市上京区 今出川通堀川西入 TEL075-441-0105
豊島屋	鎌倉市小町 2-11-19 TEL0467-25-0810
土橋園	港区赤坂 3-17-8 TEL03-3582-3788
とらや	赤坂店 港区赤坂 4-9-22 TEL03-3408-4121(代)

な

七條甘春堂	本店 京都市東山区七条通 本町東入西の門町 551 TEL075-541-3771

は

花園万頭	新宿本店 新宿区新宿 5-16-11 TEL03-3352-4651
深川伊勢屋	本店 江東区富岡 1-8-12 TEL03-3641-0695

ま

豆源	麻布十番本店 港区麻布十番 1-8-12 TEL0120-410-413
森八	森八本店 金沢市大手町 10-15 TEL076-262-6251

ら

両口屋是清	本町店 名古屋市 中区丸の内 3-14-23 TEL0120-052-062
ルピシア	お客様相談窓口 TEL0120-11-2636

わ

和菓子 紀の国屋	武蔵村山本店 武蔵村山市三ツ藤 1-93-2 TEL042-560-3010
WA・BI・SA	お客様相談窓口 TEL0120-033-340

フラワー＆食空間コーディネーター

浜 裕子

フラワー・インテリア・テーブルコーディネートをはじめ、食空間プロデュースを幅広く手掛けている。近年は、和の歳時記、日本の生活文化を研究し、和と洋の融合、和の精神性の高いデザインをテーマにしたライフスタイル提案に取り組む。花のある暮らし、生活空間をアートすることをコンセプトに、食空間プロデュース会社「花生活空間」を設立。自宅アトリエにてテーブルコーディネート教室を開催するほか、セミナー、講演、執筆、TVなどで活躍。著書に『フィンガーフード・50のレシピ』シリーズ、『おもてなしのテーブルセッティング七十二候』『和食器のきほん』『洋食器のきほん』『漆器のあるテーブルセッティング』『和食器でしつらえる ふたりごはんのテーブルコーディネート』(すべて誠文堂新光社)、『ほめられレシピとおもてなしのレッスン』(KADOKAWA)ほか、フランス、中国、台湾でも翻訳本が出版され、20冊以上の著書がある。
NPO法人食空間コーディネート協会理事。

花生活空間
http://www.hanakukan.jp/
Email:info@hanakukan.jp
TEL/FAX 03-3854-2181

[器協力]
㈱島安汎工芸製作所
TEL 073-482-3361
http://www.uruwashi-urushi.com
表参道 茶茶の間
TEL 03-5468-8846
http://www.chachanoma.com
花生活空間スタイル
TEL 03-3854-2181
http://www.hanakukan.jp/

[お菓子協力]
KITAYA六人衆
TEL 03-3881-3303
http://www.rokuninshu.jp/index.html

[撮影協力]
花生活空間アトリエ
http://www.hanakukan.jp/

[協力]
HiSUi TOKYO
http://.hisui-tokyo.com
静岡県経済産業部農業局お茶振興課
TEL 054-221-2684

Staff

撮影／日下部健史　宗野歩
装丁・デザイン／望月昭秀＋境田真奈美(NILSON)
編集／土田由佳

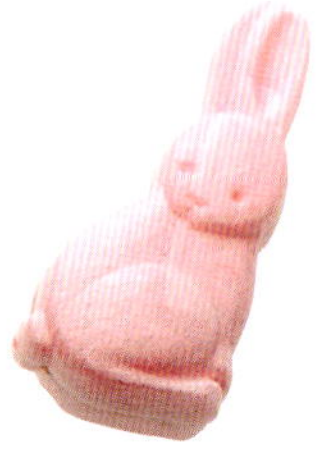

参考文献

●『日本茶の事典』(スタジオタッククリエイティブ) ●『今日からお茶をおいしく楽しむ本』和多田喜著(二見書房) ●『日本茶の基本』(エイ出版社) ●『和菓子と日本茶の教科書』(新星出版社) ●『なごみ歳時記』三浦康子監修(永岡書店) ●『美人の日本語』山下景子著(幻冬舎) ●『事典 和菓子の世界』中山圭子著(岩波書店) ●『和菓子のこよみ十二ヶ月』平野恵理子著(アスペクト)

煎茶《せんちゃ》から抹茶《まっちゃ》まで。和《わ》モダンで提案《ていあん》する
テーブルコーディネート

お茶《ちゃ》と和《わ》菓《が》子《し》のテーブル12ヵ月《げつ》

NDC791

2019年4月19日　発　行

著　者	浜《はま》　裕子《ゆうこ》
発行者	小川雄一
発行所	株式会社 誠文堂新光社 〒113-0033 東京都文京区本郷3-3-11 編集 TEL03-5800-3616 販売 TEL03-5800-5780 http://www.seibundo-shinkosha.net/
印刷所	株式会社 大熊整美堂
製本所	和光堂 株式会社

ISBN978-4-416-61979-7